基于农业价值链的融资体系研究

郑美华　王刚贞　著

中国财经出版传媒集团

经济科学出版社

Economic Science Press

图书在版编目（CIP）数据

基于农业价值链的融资体系研究/郑美华，王刚贞著.
—北京：经济科学出版社，2019.2
ISBN 978 - 7 - 5218 - 0332 - 7

Ⅰ.①基⋯　Ⅱ.①郑⋯②王⋯　Ⅲ.①农业金融 -
融资体系 - 研究　Ⅳ.①F830.34

中国版本图书馆 CIP 数据核字（2019）第 040670 号

责任编辑：黄双蓉
责任校对：刘　昕
责任印制：邱　天

基于农业价值链的融资体系研究

郑美华　王刚贞　著

经济科学出版社出版、发行　新华书店经销
社址：北京市海淀区阜成路甲 28 号　邮编：100142
总编部电话：010 - 88191217　发行部电话：010 - 88191522
网址：www. esp. com. cn
电子邮件：esp@ esp. com. cn
天猫网店：经济科学出版社旗舰店
网址：http：//jjkxcbs. tmall. com
北京密兴印刷有限公司印装
710 × 1000　16 开　10 印张　150000 字
2019 年 2 月第 1 版　2019 年 2 月第 1 次印刷
ISBN 978 - 7 - 5218 - 0332 - 7　定价：36. 00 元
（图书出现印装问题，本社负责调换。电话：010 - 88191510）
（版权所有　侵权必究　打击盗版　举报热线：010 - 88191661
QQ：2242791300　营销中心电话：010 - 88191537
电子邮箱：dbts@ esp. com. cn）

前　言

　　农业价值链融资是金融交易体制的创新，是解决"三农"融资难问题以及加快推进农业现代化进程的有效路径。农业价值链融资是以价值链为中心，针对价值链上各类经营主体不同的融资需求，提供与之相适应的金融供给，通过农业价值链内的资金互助融资体系、农业价值链外的银行信贷融资体系以及"互联网＋农业价值链"的创新融资体系为农户、家庭农场、农民合作社、农业企业等各类经营主体提供有效的融资服务。

　　本书通过将农产品价值链上的农户、家庭农场、农民合作社、农业企业等各类经营主体的金融支持纳入价值链分析框架中，对农业价值链融资的模式选择、信贷管理、风险控制以及政策支持等方面进行研究，并从三个层次构建融资体系：一是基于农产品价值链前后环节之间信息完全对称的特征，在农产品价值链上各参与主体之间实现链内融资；二是基于农产品价值链从生产到消费的每一个环节的附加值提升的特征，金融机构对农产品价值链上的各参与主体提供金融支持，实现链外融资，从而解决农业融资难的问题，提高农产品价值链的整体经济效益，实现农业产业化经营、提高农民收入；三是基于农业价值链的真实交易信息，利用互联网技术为价值链上主体提供融资服务，既解决了传统金融服务融资成本高的问题，又解决了互联网金融的资信调查困难等问题，进而有效快捷地解决"三农"融资难问题。研究对拓展农村金融机构的发展空间、活跃农村金融市场，具有一定的应用价值。

本书主要的研究内容除绪论外主要分为以下五个部分：

第一部分，农业价值链融资的相关理论基础。通过梳理国内外农业价值链、价值链融资与融资体系的相关文献，探析农业价值链与融资体系相结合的内涵与模式；从理论上分析农业价值链上的农户、家庭农场、农民合作社、农业企业等各类经营主体的融资需求，探讨价值链融资模式对解决信息不对称问题的可行性，并提出从价值链内融资、价值链外融资以及"互联网＋农业价值链"融资三个方面构建融资体系。

第二部分，基于农业价值链内融资体系及案例剖析。农业价值链的链内融资体系主要是通过贸易信贷等方式为价值链上的农户、家庭农场、农民合作社、农业企业等各类经营主体提供融资服务。本部分通过梳理农业价值链的链内融资各种可能的组合模式，如"公司＋农户""公司＋农民合作社＋农户"等，对主要链内融资模式的运行机制进行深入分析。在理论分析的基础上，运用调查研究法研究安徽省黄山市茶产业价值链内融资现状，调查茶农的价值链融资现状，包括茶农融资需求及融资主要来源、茶农参与价值链融资情况以及茶农融资的满足度，同时调查黄山市中小茶企的价值链融资现状，包括中小茶企融资需求及融资主要来源、中小茶企参与价值链融资情况、中小茶企融资的满足度等。最后，运用案例分析法，选取 A 公司作为个案剖析，分析价值链融资主体、价值链内融资运行机制以及价值链融资主体的优劣势。

第三部分，基于农业价值链外的信贷融资体系及利益分配研究。农业价值链的链外融资是外部金融机构向价值链上某些主体提供金融服务而注入的资金流，链外融资的资金主要来自银行和银行以外的金融机构，其中价值链外融资的主要渠道是银行信贷融资。

基于农业价值链的银行信贷融资体系是银行基于合同为农业价值链上的农户、家庭农场、农民合作社、农业企业等各参与主体提供信贷融资服务。

本部分从三个方面进行研究：首先，根据风险承担主体和担保机制的不同，重点研究应收账款融资、预付账款融资和存货质押融资三种农业价值链的信贷融资模式，并结合实际案例对各个融资模式的融资机制和风险控制进行分析，探讨适合涉农中小企业和农户发展需求的农业价值链信贷融资模式；其次，利用博弈模型对比分析传统融资模式与农业价值链信贷融资模式的利益分配情况，证实了基于农业价值链的信贷融资模式更有利于企业和农户的发展；最后，利用 Shapley 值法模型及其修正模型实现增值收益在农业价值链的各参与主体之间公平、合理的分配，进一步探讨农业价值链信贷融资的可行性和可持续性。

第四部分，"互联网＋农业价值链"的创新融资体系及利益分配研究。"互联网＋农业价值链"的创新融资体系是基于农业价值链的真实交易信息，利用互联网技术为价值链上的农户、家庭农场、农民合作社、农业企业等各参与主体提供融资服务，既解决了传统金融服务融资成本高的问题，又解决了互联网金融的资信调查困难等问题，能有效快捷地解决"三农"融资难问题。

本部分主要从两个方面进行研究：首先，通过梳理"互联网＋农业价值链"融资的演化历程，研究现阶段"互联网＋农业价值链"两种创新的融资模式："农业价值链＋三农服务商"融资模式与"农业价值链＋电商平台"融资模式，对两者的融资机制与风险控制进行了比较与总结，并选取大北农的"农富贷"和京东金融的"京农贷"这两个具有代表性的案例进行深入剖析。其次，进一步探讨了现阶段"农业价值链＋三农服务商"模式下的融资收益分配，通过构建 Shapley 值模型，研究"互联网＋农业价值链"融资的风险与收益，并引入风险因子进行修正，使农业价值链融资服务具有可持续性。

第五部分，农业价值链融资的政策支持。农业现代化的实现，不仅需要现代化的融资方式和手段，更离不开政策的支持。本部分通过完善的农业价值链融资体系的综合政策支持框架，重点研究多重税收优惠政策、专项监管体系以及教育培训制度等内容。

本书受到国家社科基金项目"基于农业价值链的融资体系研究"（14BJY218）的资助，得到安徽财经大学的关心和资助，在调研过程中受到调研单位的各种帮助，在此表示衷心的感谢！

作者

2019.2

目　录
CONTENTS

第一章　绪论 / 1

　　第一节　选题背景及意义 …………………………………… 1
　　第二节　研究内容和方法 …………………………………… 3
　　第三节　文献综述 …………………………………………… 9
　　第四节　研究的不足及后续研究 ………………………… 15

第二章　农业价值链融资的相关理论基础 / 16

　　第一节　农业价值链的相关界定 ………………………… 16
　　第二节　农业融资的相关理论 …………………………… 20
　　第三节　农业价值链融资的相关理论 …………………… 23

第三章　基于农业价值链的链内融资体系及案例剖析 / 28

　　第一节　农业价值链的链内融资体系 …………………… 28
　　第二节　安徽省黄山市茶产业价值链内融资现状调查 ………… 31
　　第三节　黄山市茶产业价值链融资的个案剖析 ………………… 43

第四章　基于农业价值链的银行信贷融资体系及利益
　　　　　分配研究 / 54

　　第一节　基于农业价值链的银行信贷融资体系 ………… 54
　　第二节　基于农业价值链的银行信贷融资模式的利益分配 ………… 75

第五章 "互联网＋农业价值链"的创新融资体系及
　　　利益分配研究 / 96

　　第一节 "互联网＋农业价值链"的创新融资体系 ……………… 96
　　第二节 "互联网＋农业价值链"融资收益分配研究 …………… 110

第六章 农业价值链融资的政策支持 / 132

参考文献 ………………………………………………………… 140
附录 农业价值链融资收益分配风险因素评价调查问卷 ………… 146

第一章

绪　　论

　　长期以来，融资难是制约我国农村、农业和农民（以下简称"三农"）发展的"瓶颈"，为了解决三农融资难，我国从理论和实践两方面展开积极的研究和探索，取得了丰富成果。在宏观上对农村金融制度、金融机构设置等方面进行了积极的改革，从微观上对金融产品进行了积极创新，但由于缺乏有效的金融交易体制创新，融资难问题依然严重。农业价值链与融资体系相结合，通过整合农业产业链，为产业链上下游的各环节提供一体化的金融服务，将农户、家庭农场、农民合作社、农业企业等各类经营主体全面纳入融资体系中，是创新解决三农融资难问题以及加快推进农业现代化进程的有效路径。

第一节　选题背景及意义

一、选题背景

　　到2020年全面建成小康社会，是我们党确定的第一个百年奋斗目标。党的十九大报告明确提出：农业农村农民问题是关系国计民生的根本性问题，必须始终把解决好"三农"问题作为全党工作重中之重。我国作为农业大国，为农民谋福利，构建美丽和谐的农村，进而促进农业现代化发展，是我国经济社会发展的重心。2016 年的中央"一号文件"中强调，要完善农业产业链与农民的利益联结机制。促进农业产加销紧密衔接、农业一二三产业深度融合，推进农业产业链整合和价值链提升，让农民共享产业融合发展的增值收益，培育农民增收新模式。

然而，三农融资难问题一直制约着我国农村经济的发展。一方面，由于信息不对称，金融机构难以掌握农户和涉农企业资信及风险具体状况，一般不愿发放太多贷款；另一方面，目前金融机构针对三农问题的风险防范机制还不健全，造成它们更不愿意向农户和涉农企业放款。因此，银行基于严格把控信贷风险的考虑，授信对象往往会选择实力雄厚且规模较大的企业，对于风险承受能力较弱、缺乏固定资产抵押的涉农中小企业和农户的放贷意愿较低，这就进一步加深了三农融资难的困境。虽然目前也存在小额信贷公司、私人借贷和内部融资等融资方式，但其助农增收的效果甚微。

在经济新常态下，要破解三农融资难、融资贵的难题就要探索新的路径。只有通过农村金融创新，才能有效解决农户抵押品缺乏、金融机构服务成本高、信息不对称等问题，进而扩大对农户、微小型企业的信贷供给和覆盖面，增进农村金融服务的普惠性，推进包容性的农业与农村发展。

近年来，随着农业现代化和农业价值链的发展，农业价值链融资的理论研究和实践应用都取得了较大发展。农业价值链融资模式的应用，为解决三农融资难问题提供了新思路。

本书试图将微观的农业价值链融资机制纳入宏观的三农融资体系中，通过整合农业价值链，为产业链上下游的各环节提供一体化的金融服务，将农户、家庭农场、农民合作社、农业企业等各类经营主体全面纳入融资体系中，为解决三农融资难问题以及加快推进农业现代化进程提供可行的建议。

二、选题的价值和意义

（一）理论价值

目前基于完善机构职能和满足农户金融需求的角度建立的多元化的农村金融机构，并未解决信息不对称问题，而基于农产品价值链视角的农业融资将信用活动嵌入农产品从生产、加工、流通到销售的一系列价值增值过程中，基于上下游之间的真实经济交易，以其所生产或经营的产品作为还款保障，从而能识别风险并较好地控制风险。本书将运用信息经济学、博弈论、交易成本理论等经济学理论分析农业价值链上各类经营主体的融资需求和利益均衡机制；从理论上探讨价值链融资模式对解决信息不对称问题的可行性，并试图从理论上构建链内融资和链外融资相结合的融资体系框架。

（二）实践价值

本书通过将农产品价值链上的农户、家庭农场、农民合作社、农业企业等各类经营主体的金融支持纳入价值链分析框架中，对农业价值链融资的模式选择、信贷管理、风险控制以及政策支持等方面进行深入研究，并从三个层次构建融资体系：一是基于农产品价值链前后环节之间信息完全对称的特征，在农产品价值链上各参与主体之间实现链内融资；二是基于农产品价值链从生产到消费的每一个环节的附加值提升的特征，金融机构对农产品价值链上的各参与主体提供金融支持，实现链外融资，从而解决农业融资难的问题，以提高农产品价值链的整体经济效益、实现农业产业化经营、提高农民收入；三是基于农业价值链的真实交易信息，利用互联网技术为价值链上主体提供融资服务，既解决了传统金融服务融资成本高的问题，又解决了互联网金融的资信调查困难等问题，能有效快捷地解决三农融资难问题。本研究对拓展农村金融机构的发展空间、活跃农村金融市场，具有一定的应用价值。在调研过程中与调研单位建立深度的合作和联系，将研究成果及时反馈到调研单位，为他们拓展价值链融资渠道提供了借鉴。

第二节 研究内容和方法

一、研究内容

根据融入资金来源主体的差异，农业价值链融资包括两种融资模式：第一种是价值链内部融资，它是价值链上主体依托农民合作社，以贸易信贷形式的资金融通或者实物融通；第二种是价值链外部融资，它是外部金融机构将资金注入农产品价值链内，为各参与主体提供金融服务（Miller and Silva，2007），链外资金主要是以银行信贷等方式获取。随着传统的农业价值链融资模式不断向多行业融合发展的农业价值链融资创新模式过渡，农业价值链能够有效衔接各种经营主体与互联网等新兴媒介，共同推进农业价值链融资服务的创新发展，但其本质都是利用价值链分析工具实现信贷获得与价值分享。因此，本书将主要对价值链的链内融资体系、链外融资体系以及"互联网＋农业价值链"的创新融资体系的运行机制、风险控制以及收益分配进行分析。

本书的研究内容主要包括以下内容：

（一）农业价值链融资的相关理论基础

通过梳理国内外农业价值链、价值链融资与融资体系的相关文献，探析农业价值链与融资体系相结合的内涵与模式；从理论上分析农业价值链上的农户、家庭农场、农民合作社、农业企业等各类经营主体的融资需求，探讨价值链融资模式对解决信息不对称问题的可行性，并提出从价值链内融资、价值链外融资以及"互联网＋农业价值链"三个方面构建融资体系。

农业价值链融资是农业价值链内部的各参与者之间以及各参与者与农业价值链外部的金融机构或其他主体之间基于商品交易等关系所发生的资金融通。农业价值链融资将信用活动嵌入农产品生产、加工、流通、销售的一系列价值链增值过程中，基于上下游之间的真实经济交易，以其所生产或经营的产品作为保障，信息完全对称，从而能识别风险并能较好地控制风险、降低成本，通过构建价值链的链内融资体系、链外融资体系以及"互联网＋农业价值链"的创新融资体系，为农户、家庭农场、农民合作社、农业企业等各类经营主体提供有效的融资服务。

（二）基于农业价值链的链内融资体系及案例剖析

农业价值链的链内融资体系主要是通过贸易信贷等方式为价值链上的农

户、家庭农场、农民合作社、农业企业等各类经营主体提供融资服务。本部分通过梳理农业价值链的链内融资各种可能的模式，设立可能模式的组合关系如"公司＋农户"的链内融资模式、"公司＋农民合作社＋农户"的链内融资模式，对主要链内融资模式的运行机制进行深入分析。在理论分析的基础上，运用调查研究法研究安徽省黄山市茶产业价值链内融资现状，调查茶农的价值链融资现状，包括茶农融资需求及融资主要来源、茶农参与价值链融资情况以及茶农融资的满足度，同时调查了黄山市中小茶企的价值链融资现状，包括中小茶企融资需求及融资主要来源、中小茶企参与价值链融资情况、中小茶企融资的满足度等。最后，运用案例分析法，选取 A 公司作为个案剖析，分析价值链融资主体、价值链内融资运行机制以及价值链融资主体的优劣势。

农业价值链内融资主要是价值链上的农户、家庭农场、农民合作社、农业企业等各类经营主体通过贸易信贷等方式形成的资金流，在该资金流中，不同参与者有可能是资金提供者，也有可能是资金接受者。在农产品销售活动当中，购销者通过预付等方式将资金交给农业生产者，而农业生产者也可以采用赊销等方式提供农业产品。价值链内融资的形式既可以是资金形式，也可以是其他实物形式。价值链内融资的核心是依托农民合作社，以资金互助的方式，将农户、家庭农场、农民合作社、农业企业等各类经营主体纳入链内融资体系中。

（三）基于农业价值链的银行信贷融资体系及利益分配研究

农业价值链的链外融资是外部金融机构向价值链上某些主体提供金融服务而注入的资金流，链外融资的资金主要来自银行和银行以外的金融机构，其中价值链外融资的主要渠道是银行信贷融资。基于农业价值链的银行信贷融资体系是银行基于合同为农业价值链上的农户、家庭农场、农民合作社、农业企业等各参与主体提供信贷融资服务。

本部分从三个方面进行研究：首先，根据风险承担主体和担保机制的不同，重点研究应收账款融资、预付账款融资和存货质押融资三种农业价值链的信贷融资模式，并结合实际案例对各个融资模式的融资机制和风险控制进行分析，探讨适合涉农中小企业和农户发展需求的农业价值链信贷融资模式；其次，利用博弈模型对比分析传统融资模式与农业价值链信贷融资模式的利益分配情况，证实基于农业价值链的信贷融资模式更有利于企业和农户的发展；最后，利用 Shapley 值法模型及其修正模型实现增值收益在农业价值链的各参与主体之间公平、合理的分配，进一步探讨农业价值链信贷融资的可行性和可持续性。

农业价值链的链外融资主要渠道是银行信贷融资。基于农业价值链的银行信贷融资体系是从整条农业价值链出发，以核心企业为支撑，综合考虑农业龙头企业的资信状况、价值链上配套上下游参与主体的资信状况和价值链整体的运营状况，对价值链上的农户、家庭农场、农民合作社、农业企业等各参与主体提供资金支持。基于农业价值链的信贷融资服务是建立在价值链上下游之间真实的经济交易基础上，可以减少银行针对单一个体的繁琐的资信调查，降低交易成本和信贷风险。

（四）"互联网＋农业价值链"的创新融资体系及利益分配

"互联网＋农业价值链"金融服务伴随着电子商务、物流金融、产业链金融等发展应运而生，各参与者以商业信用为媒介，"互联网＋农业价值链"的创新融资体系是基于农业价值链的真实交易信息，利用互联网技术为价值链上的农户、家庭农场、农民合作社、农业企业等各参与主体提供融资服务，既解决了传统金融服务融资成本高的问题，又解决了互联网金融的资信调查问题，能有效快捷的解决三农融资难问题。

本部分主要从两个方面进行研究：首先，通过梳理"互联网＋农业价值链"融资的演化历程，研究现阶段"互联网＋农业价值链"两种创新的融资模式——"农业价值链＋三农服务商"融资模式与"农业价值链＋电商平台"融资模式，对两者的融资机制与风险控制做比较与总结，并选取大北农的"农富贷"和京东金融的"京农贷"这两个具有代表性的案例进行深入剖析。其次，进一步探讨现阶段"农业价值链＋三农服务商"模式下的融资收益分配，通过构建 Shapley 值模型，对"互联网＋农业价值链"融资带来的风险和收益进行研究，发现"互联网＋农业价值链"融资模式所带来的总收益的确高于传统经营模式下各方参与主体的总收益，并引入风险因子进行修正，使之从收益与风险对等的角度来看是公平合理的，农业价值链融资服务具有可持续性。

"互联网＋农业价值链"的创新融资体系是依托农业价值链提供金融服务，将供应商、制造商、分销商、零售商直到最终用户连成一个整体，全方位地为价值链上的农户、家庭农场、农民合作社、农业企业等各参与主体提供融资服务，以实现整个农业价值链的不断增值，龙头企业或金融机构利用大数据对农户进行综合授信，利用互联网技术能够真正解决"业务成本高、抵押品不足、信息不对称"三大困境，具有惠及农户多、风险可控、可持续、可推广的鲜明特点，是未来"互联网＋农业价值链"融资发展的方向和重点。

（五）农业价值链融资的政策支持

农业现代化的实现，不仅需要现代化的融资方式和手段，更离不开政策的支持。本部分制定了完善农业价值链融资体系的综合政策支持框架，重点研究多重税收优惠政策、专项监管体系以及教育培训制度等具体内容。

优化融资贷款政策，加快融资担保机构建设，完善农业保险制度，设立融资专项监管体系；完善财政扶持政策，制定多重税收优惠政策，加强财政对农业合作项目的扶持，设立支农资金专项监管机制；健全农业生产者教育培训制度等。

二、研究的主要观点和特色

（一）研究的主要观点

（1）农业价值链融资是金融交易体制的创新，是解决三农融资难问题以及加快推进农业现代化进程的有效路径。农业价值链融资是以价值链为中心，针对价值链上各类经营主体不同的融资需求提供与之相适应的金融供给，通过农业价值链内的资金互助融资体系、农业价值链外的银行信贷融资体系以及"互联网＋农业价值链"的创新融资体系为农户、家庭农场、农民合作社、农业企业等各类经营主体提供融资服务。

（2）深入研究农业价值链链内融资模式及运行机制，运用调查研究法研究安徽省黄山市茶产业价值链融资现状，并运用案例分析法选取 A 公司作为个案剖析，分析在价值链内融资体系中，农户、家庭农场、农民合作社、农业企业等各类经营主体的融资需求满足程度以及影响因素。

（3）基于农业价值链中最基本也是最低端的农户具有金额小和风险大的信贷需求特征，探索适宜的信贷管理模式和创新风险控制机制。农业价值链的银行信贷融资模式从整条农业价值链出发，以核心企业为支撑，综合考虑龙头企业的资信状况、价值链上配套上下游企业的资信状况和价值链整体的运营状况，对价值链上的农户、家庭农场、农民合作社、农业企业等各类经营主体提供资金支持，降低银行交易成本以及信贷风险。

（4）"互联网 + 农业价值链"创新融资模式，基于农业价值链的真实交易信息，利用互联网技术为价值链上的农户、家庭农场、农民合作社、农业企业等各类经营主体提供融资服务，既解决了传统金融服务融资成本高的问题，又解决了互联网金融的资信调查困难等问题，能有效快捷地解决三农融资难问题。

（二）研究的突出特色

（1）将基于价值链的微观分析方法引入宏观的融资体系设计中，将链内融资与链外融资有机结合，构建能将农户、家庭农场、农民合作社、农业企业等各类经营主体都纳入其中的融资体系。

（2）以典型案例为研究基础，分析基于农业价值链的银行信贷融资模式的融资机制和风险控制，以价值链上下游之间真实的经济交易为基础，为农户、家庭农场、农民合作社、农业企业等各类经营主体提供融资服务，可以减少银行针对单一个体的繁琐的资信调查，降低交易成本以及信贷风险。

（3）在研究"互联网 + 农业价值链"创新融资模式的融资机制、风险控制的基础上，深入剖析大北农的"农富贷"和京东金融的"京农贷"等典型案例，并通过构建 Shapley 值模型，对"互联网 + 农业价值链"融资带来的风险和收益进行深入研究。

三、研究方法

本书主要运用了以下研究方法：

（1）历史与文献研究：对所收集的国内外与本研究有关的历史与现状文献资料进行整理与分析，为确定研究方案以及构建分析框架提供坚实的理论支撑。

（2）专题理论研究：采用历史与逻辑相结合的思维方法、理论与实践相结合的研究方法，对农业价值链融资的模式选择、信贷管理以及风险控制进行专题理论研究。

（3）调查研究：采用田野调查、问卷调研、个别访谈、案例比较等方式对研究对象进行有计划的、周密的和系统的研究，并对调查收集到的大量资料进行分析、综合、比较、归纳，从而总结出规律性的认识，以对农业价值链融资的典型案例进行专项研究。

（4）计量分析：以经济理论和统计资料为基础，建立经济计量模型，对价值链融资参与主体收益分配部分进行定量分析。

第三节 文 献 综 述

一、关于农村融资难的原因及解决对策研究

国内外学者基于宏观和微观两个层面，对农村融资难的原因以及解决融资难的对策进行了广泛和深入的探讨，形成了丰富的研究成果，为我国农村融资体系改革提供了思路。

（一）基于宏观层面的研究

早期的研究主要基于宏观层面，从金融供求的视角探讨农村融资难的原

因以及解决融资难的对策，形成不同的观点：第一种观点认为农村融资难的主要原因是金融供给不足（叶兴庆，1998；乔海曙，2001；谢平，2001；潘理权，2008；龙云飞，2013；田学思等，2013）。Subrata Ghatak and Ken Ingersent（1984）的研究表明，乡村银行数量不足、营运成本过高等原因使发展中国家的农村正规金融机构一般不会把农民视为有信誉的顾客。第二种观点认为农村金融供给不足与金融需求不足同时存在（曹立群，2000；高帆，2002；房德东等，2004）。第三种观点认为金融供给不足有时甚至会以金融需求不足的形式出现（姚耀军，2005）。

解决方案主要从融资体系设计角度：一是主张改造现有金融机构（王自力，2002）；二是主张推进现有金融机构服务方式的多样化发展（范天森，2008；王志宇、周其伟，2008）；三是从增量改革视角提出降低准入门槛以增加农村金融供给，支持这一观点的学者较多，如：王曙光、孔新雅（2013）；褚保金、张龙耀、杨军（2012）；夏斌、巴曙松（2005）等，代表性的观点是建立政策性、商业性、合作性和非正规金融并存的多元化的农村融资体系（何广文，2007；钱水土、姚耀军，2011；葛阳琴、潘锦云，2013）。

（二）基于微观层面的研究

我国农村金融改革实践一直是通过增加新型农村金融机构等方式增加金融供给，但依然难以解决三农融资难问题，于是更多的研究试图从微观层面探索农村融资难的原因及解决方案。

已有研究主要是从信息不对称的视角探讨农村融资难的原因。霍夫和斯蒂格利茨（Hoff and Stiglitz，1990）指出，在信息不对称条件下，正规金融机构与不正规金融机构在授信对象筛选、贷后监督等方面的成本是存在差异的，这是发展中国家形成二元金融结构的主要原因。在授信过程中，正规金融机构对农户的资产状况、收入水平和信用状况了解甚少，为了降低风险，其往往通过抵押担保的方式作为授信保障，但是农户一般缺乏有效抵押保证品，进而导致了逆向选择和道德风险的出现，不利于资金安全和社会和谐（张正平、何广文，2009；Carter，1988）。融资难不仅不利于农民增收，从企业角度考虑，也严重阻碍了企业家才能的形成，进而减少了社会发展所需的人力资本和物质资本（Townsend，1994、1995；De Gregorio，1996）。

　　解决方案主要基于融资模式创新角度。在 2003 年美国国际开发署组织的"铺平农业金融道路"国际会议上正式提出，将农业价值链与金融活动相结合，是解决农业金融存在弊端的一种新型信贷形式（Richard L. Meyer，2007；KW Mwangi，2007；Bourns and Fertziger，2008）。此后这种新型信贷形式作为破解农业融资难的有效方法，开始被国内外研究所关注。

二、关于农业价值链融资的研究

　　农业价值链融资作为解决三农融资难的有效机制，成为理论研究关注的重点，实际应用范围也不断扩大，相应地，现有的研究成果也主要集中在理论研究和实践应用两个方面。

（一）关于农业价值链融资的理论研究

　　价值链参与主体通过利益机制联结在一起，在链条上分别发挥不同的职能（马九杰、张永升等，2011），价值链融资具有诸多优势：

　　（1）农业价值链融资有助于降低风险进而降低交易成本（Pierce，2003；Fries，2007；任常青，2009；洪银兴、郑江淮，2009；罗元辉，2011；Singh，2012；张惠茹，2013）。农业价值链融资能够有效减少信息不对称、提高核心企业具有的金融信用优势，其担保行为能够降低农业经营主体违约可能对金融机构造成的损失，从而降低其带来的风险，进而降低融资交易成本（Pierce，2003；Fries，2007；Bourns and Fertziger，2008）。刘圻、应畅（2011）认为，由于大型农业企业具有规模优势、信誉优势，使其融资渠道更加多元化，较为容易获得资金支持，因此，以大型农业企业为核心，建立农业价值链，引入价值链融资模式，银行则以核心企业为中心，为整个价值链的参与者提供相应的金融支持，这将有效帮助农业企业解决融资难的问题。张庆亮（2014）通过分析农业价值链融资解决小微企业融资难的机理，运用融资交易成本理论探讨农业价值链融资的交易成本构成以及影响交易成本高低的因素，证明农业价值链融资是解决小微企业和三农融资难的有效途径，它突破了传统融资渠道信息不对称的"瓶颈",且具有现实的可操作性。何广文、潘婷(2014)通过分析国外价值链及其融资模式,指出银行或其他金融机构参与价值链融资,有利于借贷双方降低风险和成本,提高最终产品价值,与服务单个的农业生产者相比,可以节约交易成本和降低融资风险。

(2)农业价值链融资可以优化融资的风险收益结构、提升融资效率,有助于提高农业生产利润率,促进农民增产增收(张慧祯、黎元生,2009;张永升、杨伟坤,2011;Kopparthi and Kagaho,2012;涂传清,2014;王力恒、何广文,2016)。张慧倾、黎元生(2009)对闽台农业价值链的融资进行了深入剖析,详细分析了闽台价值链融资过程中的买断式方式、合同式方式、合作型模式、股份式与股份合作式模式四种利益协调机制,认为通过利益协调机制能促使价值链融资的发展更加多元化,从而使各个关联主体的利益分配更具稳定性,价值链更加牢固。王力恒、何广文(2016)构建了一个两方信贷均衡模型(无农业供应链的外部融资)和一个三方信贷均衡模型(有农业供应链的外部融资),对这两种均衡状态下银行、核心企业以及农业经营主体的预期收益进行分析,发现核心企业所具有的信息优势。在供应链的外部融资中,有效帮助农业经营主体减轻了反担保负担,而企业和银行也在参与融资中获得了更好的社会收益;同时,核心企业的参与也有利于降低农业经营主体的担保费、分担银行的融资风险,使得企业与银行在农业供应链融资中的收益和风险通过再分配而得到优化。

(3)农业价值链融资有助于提高农村金融机构参与度,提升农村金融服务可得性,促进农村普惠金融的发展(洪银兴、郑江淮,2009;任常青,2009;Coon,2010;马九杰、张永升、佘春来,2011;宋雅楠,2012;何广文、王力恒,2016)。洪银兴、郑江淮(2009)研究发现,对三农的反哺,有效驱动了农业生产价值链的改造,促进了大型加工企业以及大型零售企业加入农产品价值链,同时增强了农民专业经济合作组织,提高了小农户参与价值链的积极性和价值链下游对农业价值链的驱动力。任常青(2009)认为价值链融资能促进农村信用合作社的农村金融服务的扩展、改善信贷技术和开发新的信贷产品。何广文、王力恒(2016)将"互联网+农业产业链"融资服务划分为以银行为主体和以农业产业化龙头企业为主导两类模式,与传统金融模式相比较，在行业宏观把控、农户和产业链各环节的企业信用信息以及平台数据三个方面具备明显优势，因此未来可以依托移动互联网推进农村电子商务和普惠金融体系的构建。

（二）关于农业价值链融资的实践案例

价值链和金融系统的结合是解决农业融资难的有效方法（Pelrine and Besigye，2005），银行、信用社等金融机构的产品和服务创新对于发展价值链融资模式作用重大（Clark et al.，2011）。而贸易商、加工商、供应商、出口商等是为贫穷农户提供农业生产所需信贷资金的主要渠道（Villeda and Hansel，2005），因此要重视价值链内的金融服务角色（Pierce，2003）。伯恩斯和费其格（Bourns and Fertziger，2008）就芒果价值链融资可能给墨西哥恰帕斯州的农业生产带来的影响进行研究，他们认为价值链融资使得价值链的参与者能够与正规的金融机构达成互利联盟，获得稳定的资金支持渠道，价值链融资模式使得金融机构的金融服务更具针对性，从而有效改善了整个价值链参与者的经营状况；而金融机构通过互利联盟及时、准确地掌握企业的动态信息，从而对资金进行有效的风险管理，对还款渠道做出较为准确的判断，确保还款渠道的通畅。库恩（Coon，2010）等人分析了尼加拉瓜的大蕉及乳品价值链，以及洪都拉斯的甜椒、大蕉及西红柿价值链，发现由于正规金融机构对中小型农业经营者的支持不足，使得农户很难获得资金，而参与到农产品供应链中，不仅大大提高了农户的外部融资机会，还增加了从价值链内部进行融资的机会。科帕蒂和卡加霍（Kopparthi and Kagaho，2012）以微型金融机构的信贷行为为重点，对卢旺达南部 122 个农户的农产品生产及价值链融资等展开调查研究，通过参与价值链融资，农产品的利润以及农户的收入水平都有很大程度的提高。

随着我国农业现代化的推进，农业价值链融资得到了较为广泛的应用，国内学者对农业价值链融资的案例进行了深入分析。张永升、杨伟坤等（2011）以重庆市北碚区金刀峡农业合作社为例，分析了该专业农业合作社的经营内容、组织模式及其实现资金融通的过程和具体做法，认为以农业合作社为载体的产业价值链融资可带来一定的经济效益和社会效益。宋雅楠（2012）

以乌拉圭的大豆和秘鲁的咖啡农户融资为例，研究了价值链融资机制及对促进农村金融发展的作用，认为农村金融机构基于价值链融资能够为产业链条上的核心企业及其他各参与者提供全方位的金融服务，增进农村金融服务的普惠性。刘西川、程恩江（2013）通过分析"五里明模式""六方合作＋保险模式"两个价值链融资的典型案例，从盈利性、交易成本、风险控制、抵押担保和政府作用五个方面探讨了其优势，认为农业价值链融资通过减少单位交易成本和整体交易成本，突破了传统农业融资的高交易成本限制，通过创新农业信贷抵押担保机制，能够在关键环节控制农业融资涉及的各类风险。孔祥智（2015）基于山东、山西、宁夏三省千余农户参与农业价值链的数据进行实证分析，得出结论：无论是订单农业形式还是生产性农业形式的价值链融资都有助于促进农民收入和增加要素收入。订单农业可以显著增加农户的农业投入，同时加强农户对相关服务的可得性。马九杰等（2011）通过剖析龙江银行"惠农链"系列产品，认为基于农业龙头企业订单，农业的价值链融资模式不仅可以增加储蓄业务、银行卡业务以及银行的信贷产品的收益，还可以带动农村劳动力的就业，从而实现多方共赢的局面。

三、研究述评

传统的农村金融研究注重从宏观层面的探讨，认为农村融资难主要问题在于农村金融供给不足，因此形成比较完备的农村金融体系是农村金融改革的主要思路。然而我们发现现阶段通过建立村镇银行、小额贷款公司和农村资金互助社等新型农村金融机构，采用完善农村金融机构的方式来解决农村金融市场中的供需矛盾，依然很难解决三农融资难、融资贵等问题，金融机构与农户之间的信息不对称和抵押难的问题依然突出。从全球范围来看，农村金融的供需矛盾依然严峻。

与此同时，从微观技术层面关于农业价值链融资来探讨融资难的成果日益丰富，为解决融资难提供了一个全新的视角，同时农业产业化的发展为研究提供了有力的实践支持，通过农产品价值链，各参与主体均可提高其获得融资的机会，且现有文献多从农业价值链融资的理论意义以及实践运行等角度进行研究，为分析解决农业融资难问题提供了很好的思路。但解决农村融资难问题是一个系统工程，如何构建一个融资体系以解决农户、家庭农场、农民合作社、农业企业等各类经营主体的融资难题，是当前农村金融理论和实践急需解决的问题。因此，在理论研究和实地调研的基础上，本书尝试将基于交易机制的微观分析方法引入宏观的融资体系设计中，基于农业价值链融资构建农村融资体系，以满足农业价值链上的农户、家庭农场、农民合作社、农业企业等各类经营主体的融资需求。

第四节 研究的不足及后续研究

本书重点研究了以农民合作社为核心的价值链内融资模式，以银行信贷为主的价值链外融资模式，以及互联网背景下的创新型价值链融资模式，但由于我国农业发展水平不平衡，农业产业化发展程度还有待提高，农民合作社及农民合作社内的资金互助业务发展有待规范，仍有大量的农民合作社与农户处于简单的生产关系中，相互联系不紧密，未建立向上下游纵深方向延伸的价值链，导致本书中的案例和数据仍有很大的局限性。但随着我国农业现代化的不断推进，农业价值链的不断发展，基于农业价值链融资体系将把众多农户、农民合作社、家庭农场、农业企业等各类经营主体纳入融资体系，为缓解融资难问题作出贡献。

同时，农业价值链外融资形式以银行信贷为主，价值链外融资的直接融资案例较少，本书未涉及，但随着资本市场的不断发展，将会有越来越多的农业龙头企业上市融资后，将资金注入价值链，惠及农户、家庭农场、农民合作社、农业企业等各类经营主体，可供后续进一步深入研究。

另外，"互联网＋农业价值链"创新融资模式是新生事物，农户对互联网新生事物的接受仍需要时间，且互联网金融在发展过程中也存在风险隐患，导致"互联网＋农业价值链"融资在农村的发展规模尚小，研究案例具有典型的时代特征，但随着互联网金融的逐步发展成熟以及在农村的逐步深入人心，这一发展模式将会极大改善三农融资难问题，后续研究将持续关注。

第二章

农业价值链融资的相关理论基础

　　农业价值链融资是指农业价值链内部的各参与者之间以及各参与者与农业价值链外部的金融机构或其他主体之间基于商品交易等关系所发生的资金融通。农业价值链融资将信用活动嵌入农产品生产、加工、流通、销售的一系列价值链增值过程中，基于上下游之间的真实经济交易，以其所生产或经营的产品作为保障，从而识别风险并较好地控制风险，降低成本。

第一节　农业价值链的相关界定

一、价值链的提出

　　价值链是由哈佛大学的波特（Porter，1985）教授首次提出，他认为"日常生产中每一个企业在设计、生产、运输以及销售等过程中所有施行的活动，最终都可以用一个很好的价值链来表现。"一个企业的价值创造过程包括了大量的基础活动，这些构成活动包括满足生产的基础活动以及相关的辅助活动等。例如，基础活动由内部后勤活动、生产经营活动、外部后勤活动、市场经营活动以及服务活动等不同部分组成；辅助活动则由一个企业的基础活动、人力资源管理活动、设施技术开发活动和采购活动等基本环节组成。因此，一个企业在生产中只有凭借自身的竞争优势以及紧紧抓住内在的核心竞争力才能够更好地融入价值链之中，同时，也正是这些不同活动部分才最终构成了整个企业价值链链条。

应该指出的是，价值链不只是存在于公司内部结构，而且循环于企业内部并组成了企业自己的价值链系统，现在的价值链还存在于一个价值链与另一个价值链之间，也就是说价值链与价值链之间是相互联系的。在企业与企业的经济活动中，连接上中下游企业的又是由所有企业之间的价值链组成的，它们之间最终组成了整个价值链体系。存在于该价值链体系内的企业自身的竞争优势取决于企业价值链之间的相互联系水平，一个企业最终能够获得多大程度的效益在很大程度上由该价值链体系上的每一环节的价值活动能否很好的实现所决定。

通过对波特所提出的"价值链"理论分析可知，整个价值链体系的竞争是由存在于其中的企业和企业的竞争所构成的，企业与企业之间的竞争不同于某个、某些环节的竞争，只有整个价值链的综合竞争力才能够体现一个企业、一个产业的竞争力水平。波特认为："消费者心目中的价值由一连串企业内部物质与技术上的具体活动与利润所构成，当你和其他企业竞争时，其实是内部多项活动在进行竞争，而不是某一项活动的竞争。"

波特所提出的"价值链"理论意味着，在整个价值链体系中一个企业要突出自身的优势，在竞争中获得胜利，必须在自身的各项活动中都极大程度地降低费用成本，或者采用各种手段来提供多样化的产品。在日常经济活动中，价值链模式是存在于方方面面的，价值链可以分为以下三个层面来解读：首先是处于整个价值链体系的上下游关联产业价值链，存在于企业与企业之间；其次是在一个企业内部由企业的各部门活动联系组成了企业内部的价值链；最后是存在于企业内部各业务单元之间的运营作业价值链。

近二十年来，随着科技水平、经济水平以及全球化、信息化、专业化等趋势的快速发展与提升，价值链理论出现了很大的变化。从微观主体到宏观层面、从注重内部转向外部、从有形分析到无形解释，整个价值链理论体系日趋完善，日益丰富，获得了长足的发展，价值链理论的意义也更加的丰满。价值链分析模式日益成为企业生产竞争的有效模式而被广泛采用。

汉斯（Hines）将波特所提出的价值链理论进一步发掘与深化，提出在方向上由外转变为内，由顾客的需求拉动、原材料提供商以及顾客所构成的价值链，可以更好地体现和概括基本的价值活动。汉斯认为一个企业生产过程的终点是满足顾客对自己所生产出来产品的需求，期间所产生的利润只是在满足客户需求过程中的一个副产品而已。这与波特所提出的"企业产生的利润则是价值链最重要的追求目标"的观点截然不同。对价值链体系进行横向的延伸扩展，可以将现有价值链的概念引入一个更加宏观的层次中去。通过分析两位学者所提出的价值链观点，并结合当下国际经济环境可以看出，汉斯的价值链理论在经济一体化大背景以及企业竞争日益加剧的情形下更加具有现实的指导作用。

二、农业价值链的界定

我国作为一个农业大国，对农业依赖程度比较高，但是一直以来我国农业从生产到产成品运作的各个环节相对比较分散，没有形成一个较为完整的体系，因此其产值相对较低，这也是造成农村经济不发达的一大因素。面对这一困境，逐渐有学者开始将价值链的概念应用到农业生产中来，形成了现有的农业价值链的概念。

农业价值链是农产品从生产到流通再到消费的一系列价值增值活动和产品流通环节，即在农产品产、供、销的整个过程中实现农产品的价值增值。整个农业价值链的参与者包括农户、生产资料的供应方、农产品的收购商、农产品的加工商、农产品的运输商以及零售商等多个主体。要实现农业价值链的增值，关键在于整合价值链条上各参与主体的资源优势，通过各主体彼此之间的相互影响、相互制约，保证多种资源的最优配置，从而实现整条价值链中各参与主体的互利共赢。如果价值链上的各个环节都能保持最佳运作效率，且彼此之间能够保证实现资源共享、信息互通，就能够最大化的实现农业价值链的效益。随着管理水平的发展和技术的进步，农业价值链的运作方式对现代农业具有很好的适应性。但是与工业价值链不同的是，农业价值链存在更多的不确定性和高风险性，这主要是由于农产品的特殊性造成的。

三、农业价值链融资的界定

农业价值链融资是指农业价值链内部的各参与主体之间或各参与主体与农业价值链外部的金融机构及非金融机构之间发生的资金融通行为。基于农业价值链的融资行为是资金供应方从整条价值链的融资需求出发，以价值链上的龙头企业为核心，通过运用科学合理的评估方法来预测分析农业价值链的发展前景、链条各环节联系的紧密程度，判断核心企业对上下游涉农企业（农民合作社）及农户的控制力度，将各参与主体的利益捆绑在一起，结合农业生产运营的实际状况来设计合理的融资产品和服务，确保将资金有效地注入农业价值链上的资金需求方，从而推动农业价值链整体的协调运转。

农业价值链融资可以被看作是一系列工具和机制，采用系统观点来看待价值链参与者、运作过程和市场的集合体，而基于系统内单独的放贷人和借贷人的视角，融资决策也是基于对整个系统的运行状况的认识，其中包括市场需求，而不只是对贷款者个人的了解。

基于农业价值链的融资不再是资金供求双方两个单一主体之间的融资行为，农业价值链融资的出发点是通过引入龙头企业来进行风险控制，将龙头企业与上下游配套企业捆绑在一起，从而降低资金供应方给农户和中小企业等带来的提供融资的风险和相关费用，提高贷款收回的可能性。而且，以龙头企业为核心的农业价值链融资是以真实的产品交易为依托进行运作，因此上下游各主体之间联系密切，为了尽可能地降低风险，可以建立一定的风险辅助措施，如采取对违约主体进行罚款或降级处罚或协助处理质押产品等方式。

根据融入资金来源主体的差异，农业价值链融资包括两种融资模式：价值链内部融资（链内融资）与价值链外部融资（链外融资），前者是价值链上主体之间以贸易信贷形式存在的资金流，融资形式主要是依托农民合作社以资金互助的方式进行；后者是外部金融机构向价值链上某些主体提供金融服务而注入的资金流（Miller and Silva，2007），链外资金主要是以银行信贷等方式获取。另外，随着互联网的发展，传统的农业价值链融资模式不断向多行业融合发展的农业价值链融资创新模式过渡，农业价值链有效衔接各种经营主体与互联网等新兴媒介，共同推进农业价值链融资服务的创新发展。无论是基于农户视角的典型农业价值链融资模式，还是基于"互联网＋农业价值链"融资的创新模式，本质都是利用价值链分析工具实现信贷获得与价值分享。

第二节　农业融资的相关理论

农业融资理论的演变过程大致分为三大理论：农业信贷补贴理论、农村金融市场理论、不完全竞争市场理论。农业融资理论也相应分为三个发展阶段。

一、农业信贷补贴理论

20 世纪 80 年代以前，农业信贷补贴理论广受欢迎，其在农业融资理论中处于支配地位。由于农户收入普遍较低，储蓄能力不足，该理论认为农村地区所面临的是农村资金匮乏的问题，而众多商业银行是以追求利润最大化为经营目标，将资金贷给农户的意愿非常低。所以该理论的倡导者认为在这一方面需要政府出面，制定相关政策，引导政策性资金投向农业生产，或者号召专门的非营利性金融机构，以农村贫困阶层为主要支持对象设立专项配套贷款投向农村，以支持农业经济发展，其最主要的目的是保障农业生产，扩大农业生产规模，并稳定农业发展、缓解农村贫困。

该理论隐含的假设前提是农户无任何储蓄积累，因此，运用在农村经济发展滞后、农户生活贫困的背景下，可以及时地补充农户生产经营所需的资金，对促进农业生产发展具有重要意义。但单一依靠政府补贴会带来一个严重的问题：农户过分依赖国家主导的政策性扶持资金，自力更生能力受到削弱，也进一步导致贷款的回收率低下，致使财政补贴政策难以实现促进农业发展、提高农民收入的初衷，反而不利于金融机构实现可持续发展，农业经济也难以持续健康发展。

二、农村金融市场理论

20 世纪 80 年代以来，有一部分学者在对农业信贷补贴理论批判发展的基础上，结合肖和麦金农（Shaw and Mckinnon）所提出的金融深化理论以及金融抑制理论，创造性地提出了农村金融市场论（rural financial systems para-digm），并逐渐替代了农业信贷补贴论。

肖和麦金农分析认为，一个国家的金融制度安排与其相对应的经济发展水平是互为前因后果的，是相辅相成的，完善的市场机制完全可以将人们的积极性调动起来，以提高人们对于投资以及储蓄的热情和积极性，只有这样才能更好地使农村金融与农业经济在良性的道路上平稳健康地发展下去，这也需要政府能够管住自己"无形的手"，降低对市场的干预程度，而不是如农业信贷补贴理论所倡导的积极干预市场，以期实现农业经济在政府的主导下发展，充分发挥市场的作用，利用市场的自发调节机制，更好地实现利率市场化，很好地实现借贷平衡。

农村金融市场论着重强调市场机制在农村金融中的作用，反对政策性金融对于经济市场的过多干预，以避免造成一定程度的扭曲现象，该理论倡导农村金融利率的市场化，实现借贷自主。但由于发展中国家的金融市场与发达国家相比仍然处于较低的水平，因此很难实现由市场自主调节利率来满足农户的资金需求，这样造成的直接后果就是金融机构往往很少将资金贷给农户，使得农户常常以高额的成本来获取资金。这样的结果也无法保证农业生产的健康发展，农业经济的发展在一定程度上受阻。因此这就需要在小农户的资金需求方面，政府应该给予一定程度的政策支持，制定有管理的信贷配给制度，以满足小农户的借贷需求，保障农业经济的发展。

三、不完全竞争市场理论

在 20 世纪 90 年代经历过信贷补贴理论和农村金融市场理论后，很多学者认为发展中国家的金融市场是一个不完全竞争的市场，尤其是贷款一方（金融机构）对借款人的情况无法充分掌握，完全依靠市场机制可能无法培育出一个有效的农村金融市场。因此，政府适当介入金融市场仍有必要（Stiglitz and Weiss, 1981；Stiglitz, 1989），由此提出不完全竞争市场理论。该理论主要运用了信息经济学分析这一工具来进行分析研究。

不完全竞争市场理论更符合实际情况，受到了较多的关注并继而被广泛应用于农村金融市场之中。不完全竞争市场理论从理论上解释了政府提供财政政策支持对农村金融市场发展的意义，但政府的有效介入，必须关注和加强农村金融机构改革，建立完善的资金使用机制，使优惠贷款能集中面向小农户。

不完全竞争市场理论为信贷机制创新提供了理论依据，如小组贷款或联保贷款，对解决农村金融问题起到积极的作用。在小组贷款下，同样类型的借款者聚集到一起，有效地解决了逆向选择问题，尽管在正规金融的信贷中，银行由于无法完全控制借款者行为而面临着道德风险问题，但是，在小组贷款下，同一个小组中的同伴相互监督，可以约束个人从事风险性大的项目，从而有助于解决道德风险问题。

不完全竞争市场理论也为农业价值链融资机制创新提供了理论基础。农业价值链融资是通过农业价值链内部的各参与者之间以及各参与者与农业价值链外部的金融机构或其他主体之间基于商品交易等关系所发生的资金融通。

农业价值链融资将信用活动嵌入农产品生产、加工、流通、销售的一系列价值链增值过程中，基于上下游之间的真实经济交易，以其所生产或经营的产品作为保障，将农户、家庭农场、农民合作社、农业企业等各类经营主体全面纳入融资体系中，从而能较好地解决信息不对称问题，识别风险并能较好地控制风险，降低成本。同时，政府可以将扶持资金注入价值链上，从而实现对三农的支持。因此，是创新解决三农融资难问题以及加快推进农业现代化进程的有效路径。

第三节　农业价值链融资的相关理论

一、信息不对称理论

信息不对称理论是由美国阿克罗夫（Akerlof）、斯朋斯（Spence）、斯蒂格利茨（Stigjiz）三位经济学家通过研究不同的市场领域而得出的，该理论的主要内容为：由于市场的交易双方获取信息的渠道、信息的数量等不同，因此获取信息较多的一方处于优势地位，信息相对较少的一方处于劣势地位，优势地位的一方可能会利用其优势在事前或者事后采取不利于另一方的措施，使得另一方利益受损。那么信息不对称会给市场带来怎样的不良影响呢？阿克罗夫通过研究商品市场发现，信息不对称会造成劣质品驱逐优质品；斯朋斯通过研究劳动力市场发现，信息不对称使用人单位无法准确地辨别应聘者的实际能力，进而增加用人单位的成本；斯蒂格利茨通过研究保险市场发现，信息不对称使得投保人居于有利地位，严重提高了保险公司的赔付率。以上关于信息不对称所带来的不诚实行为可总结为事前的逆向选择和事后的道德风险，这两种行为直接增加了处于劣势地位交易方的成本，并且不利于社会资源的有效配置。

在传统的融资行为中，银行等金融机构和农户及中小企业之间也存在严重的信息不对称问题。农户及涉农中小企业等资金需求方对自身的信用状况、生产经营状况、固定资产以及房屋建筑物等抵押品的情况非常了解，在信息不对称中处于有利地位；而银行等金融机构由于对他们的情况了解不透彻，只能通过可得的资料来判断其还款能力和信誉状况，因此处于不利地位。为了减少信息不对称带来的损失，降低风险，银行等金融机构往往采取提高贷款利率或抬高农户信贷的门槛的方式，从而加剧了三农融资难、融资贵的困境。

基于农业价值链的融资模式相比传统农业的融资模式，是将整个价值链作为一个整体的利益综合体来考虑，资金供给方在评估农户及中小企业的生产经营和信用情况时也会考虑价值链中龙头企业的情况，有龙头企业做担保，可以很好地解决资金供求双方的信息不对称问题。在农业价值链链条的内部，各参与主体是互相依存、互相监督的关系，彼此之间互相了解，当一方发生违约时，将影响整个价值链的正常运转，违约风险代价加大，因此为了维护自身的利益，各主体之间会相互监督，尽可能地降低违约风险，进而一定程度上也降低了信息不对称带来的风险，促使银行等金融机构愿意放贷，农户及中小企业也会主动还贷。

二、委托代理理论

委托代理理论首先是由美国经济学家伯利和米恩斯（Berle and Means）提出来的，它建立在信息不对称理论的基础之上，其实质是在契约不完备和信息不对称情况下的一种经济行为关系，目的是倡导将企业经营权与所有权两权分离，企业所有者保留企业的所有权，同时将企业的经营权委托给专门的职业经理人来管理，根据职业经理人的服务质量来支付报酬，从而避免企业所有人兼具两权可能带来的弊端。

一般认为，在一项交易活动中，委托代理关系是与信息不对称理论相伴而生的。在信息不对称理论下，作为代理方的经理人负责管理企业的日常经营，必然比作为委托方的企业所有人更加了解企业的内部运转情况。委托方只能看到代理方的经营结果，并以此为标准来支付报酬，但无法时时有效地监督代理方是否存在徇私舞弊和中饱私囊等行为；代理方从委托方获得一定的薪酬作为劳动报酬，当其不满足现状时可能会消极怠工、跳槽或以权谋私与其他企业合作，从而给企业造成利益损失。

在农业价值链的运作过程中，多个参与主体之间的任务分工也表现为一种委托—代理关系。龙头企业、上下游中小企业以及农户等参与主体作为一个利益联结体，农业价值链的资本增值来源于各参与主体的任务分工。价值链上的资本增值主要来源于龙头企业的核心业务即为委托方，其他参与主体主要负责非核心业务即为代理方，只有通过多方有效合作，才能保障价值链的正常运转。农业价值链上各参与主体之间的合作必须是长期的，这样才能形成一定的规模，从而降低价值链的运作成本、提高效率，实现更多的资本增值。但是在现实的生产过程中，作为代理方的某些企业可能会为了眼前的短期利益而将中间产品卖给价值链外部的价高者或是根据逆向选择理论直接选择用劣质的原材料替代优质品来赚取差价，抑或是直接违约，这些行为都会直接影响到整个价值链的运转，从而损害价值链上其他参与主体的利益。

三、交易费用理论

交易费用理论的思想是科斯（Coase）于 1937 年在《论企业的性质》中最先提出的，他认为企业是为了内化市场，进而减少交易费用而产生的，是人类不断追求经济高效运行的产物。他指出，一切为了达成交易而花费的成本都可以归入交易费用。1969 年经济学家阿罗（Arorw）第一次使用"交易费用"这一学术用语，他认为交易费用产生的主要原因是市场机制的不完善，因此，交易费用也就是经济制度的运行费用。对交易费用理论起关键推动作用的人是威廉姆森（Williamson），他在 1975 年和 1985 年先后出版了《市场与等级制》《资本主义经济制度》。这两本著作从契约的角度，深入分析了交易的特性，从而细化了交易费用，有力地解释了交易为何在市场或者企业中才能完成的问题。后来，我国学者张五常（1982）从广度和宽度两方面对交易费用进行拓展，认为交易费用就是社会的制度成本。无论哪个社会，都是随着制度的变迁而不断发展的，而制度变迁究竟朝着哪个方向，又取决于社会组织与制度的权衡较量。1990 年，诺斯（North）在《制度、制度变迁和经济绩效》中精辟总结三者关系的基础上，认为交易费用归根到底是制度理论的基础，是企业产生的原因，是制度变迁的动力。

在传统的农业融资模式中，农户或涉农中小企业向银行提出贷款申请时，银行首先需要对其进行事前考察，包括农户或中小企业的信用状况、之前是否存在违约行为、有无偿还能力、有无抵押品或固定资产以及贷款额度等。受信息不对称因素的影响，结果未必真实可靠，但银行可能需要耗费大量的人力、物力来实地考察。从农户的角度来看，由于银行对农户设置的贷款门槛相对较高，农户直接贷款无法满足条件，因此需要托关系、找门路等，也会耗费一定的成本。这一系列的成本即为融资的事前交易成本。当银行等金融机构同意为农户提供贷款时，受抵押物不足及资信状况无法保证等因素的影响，双方在签约时可能会产生相应的议价成本及签约耗费的决策成本等，这一部分构成了融资的事中交易成本。当银行等机构贷款给农户后，还需要对其活动进行监督，确保资金安全，从而形成一定的监督成本。当农户或涉农中小企业发生违约时，借贷双方还要承担一定的违约成本，这些成本是事后交易成本的重要组成部分。一般而言，农户及涉农中小企业的贷款额度相对较小且分散，且他们的违约风险较高，这就加大了银行等机构的交易成本，考虑到这些因素的影响，银行等机构一般不愿意贷款给农户及中小企业，进而加深了农户融资难的困境。

基于农业价值链的融资不同于传统农业融资模式，首先价值链以龙头企业为核心，有龙头企业为其提供担保，降低了信息不对称因素的影响，且具有真实交易行为，使得银行等机构的事前考察更为省力，这就在一定程度上节约了银行的事前和事中交易成本。其次价值链的上下游企业是一个利益共同体，彼此之间相互监督，如果一方违约，将会给其他参与主体带来损失，违约成本较高，因此农户和上下游企业不会轻易违约，且根据贸易自偿性原理，贷款具有专款专用的特征，从而保证了还款来源，这就极大地降低了事后交易成本。因此，基于农业价值链的融资相比传统融资模式的交易成本更低，更具有优势。

四、贸易自偿性理论

贸易自偿性是银行等货币供给方首先掌握价值链上涉农中小企业真实的贸易状况以及上下游企业的信贷状况，然后根据资金流和物流的方向，来提供短期金融产品或封闭贷款，该贷款资金主要用于特定的生产贸易活动，因此需要以企业贸易活动产生的销售收入作为直接还款来源。由于农业价值链上的龙头企业与农户和其他涉农中小企业之间是一种长期稳固的战略合作关系，因此该理论能够以真实的贸易行为为依据，充分把握价值链的物流、资金流和信息流状况，不再单独而片面地评估贷款主体。

贸易自偿性理论对银行等资金供给方来说是相对有利的。一方面，当单个的农户或涉农中小企业向银行等机构申请贷款时，受经营活动不透明和信息不对称等因素的影响，资金供给方无法掌握需求方专款专用的情况，因此存在一定的违约风险，银行等机构有可能直接抬高贷款门槛，造成农户和涉农中小企业融资难的困境。但是，基于农业价值链的融资可以有效避免这一弊端。农业价值链上的各参与主体作为一个整体，从生产经营到贸易是一个完整的活动流程，需要价值链上下游各参与主体的相互配合才能完成。以龙头企业为核心的贸易活动比较容易查证，这就在一定程度上降低了信息不对称。另一方面，整条农业价值链是以龙头企业为依托，农户、龙头企业和上下游中小企业作为一个利益联结体，通过各主体的捆绑，可以在一定程度上提高农户和上下游涉农中小企业的信用等级，降低信贷风险，从而解决他们融资难的困境，而且随着现金流的注入，可以进一步扩大农业价值链的生产规模、提高销售量、提升资本增值。而且融入资金的使用具有特定的贸易背景，从而避免了借款人私自挪用资金的风险，同时销售收入也是贷款资金的还款来源，真正实现了专款专用。

第三章

基于农业价值链的链内融资
体系及案例剖析

农业价值链内融资主要是价值链上的农户、家庭农场、农民合作社、农业企业等各类经营主体通过贸易信贷等方式形成的资金流。在该资金流当中，不同参与者有可能是资金提供者，也有可能是资金接受者。在农产品销售活动当中，购销者通过预付等方式给农业生产者提供资金，而农业生产者也可以采用赊销等方式提供农业产品。价值链内融资的形式既可以是资金形式，也可以是其他实物形式。价值链内融资的核心是依托农民合作社，以资金互助的方式，将农户、家庭农场、农民合作社、农业企业等各类经营主体纳入链内融资体系中。

第一节 农业价值链的链内融资体系

价值链内融资的参与主体是该价值链的全部参与者，不同参与者之间的融资活动就被称为价值链内融资，例如，农业企业可以采用赊销生产资料等方式帮助农业生产。从农户角度来看，农业价值链的链内融资体系主要通过两种融资模式来实现，即"公司＋农户""公司＋农民合作社＋农户"。

一、"公司＋农户"的链内融资模式

"公司＋农户"的链内融资模式参与者较为单一，公司与农户在农产品生产加工当中开展价值链合作，并为彼此提供相应的融资服务，而根据融资过程特点可以将其分为农产品的种养和销售两个阶段（如图3－1所示）。

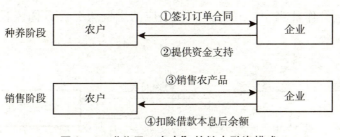

图3－1　"公司＋农户"的链内融资模式

在农产品种植阶段，随着现代农业生产不断扩多，农民在农业生产当中需要投入的资金也越来越多，其中投资数量较多的有土地、化肥、种子、农业机械等，而大多数农民不具备较强的经济实力，无法满足现代农业生产需求。如果农业价值链当中的企业介入其中，那么农户就可以将自身未来生产的农产品作为抵押从企业获取融资帮助。

在农产品销售阶段，农户必须按照与企业事先签订的合同销售农产品，企业需要在扣除融资资金的本息后将余额支付给农户。如果农户获得资金后需要保留自身日常生活与生产所需求的资金，可以将剩余资金再以借贷形式交由企业管理，从企业获取利息收入，与企业保持良好的合作关系。

从价值链内部融资中可以发现，农户可以从企业获取充足的生产资金，并将这部分资金用于扩大自身生产经营规模，以此来降低扩大经营所面临的资金压力，并带来更高的经济收益。此外，农户通过这种方式还可以为自己寻找到稳定的货物销售渠道，不会出现货物积压等情况。企业通过这种合作可以有效提升自身对原材料的控制能力，在保证原材料质量的基础上获得充足原材料的支持，有效降低了自身采购风险。此外，企业还可以借入农民闲置资金，以此来解决自身生产经营可能存在的资金匮乏问题，最终实现双赢。

二、"公司+农民合作社+农户"的链内融资模式

我国农业生产机制已经从传统农户生产机制逐步转变为农民合作社生产体系，这表明企业已经逐步从与单独农户签订生产协议演变为与农民合作社签订合作协议，由农民合作社帮助企业向农民收购农产品，而企业资金也将直接划拨到合作社当中，并为其提供相应的融资服务，具体流程如图3－2所示。

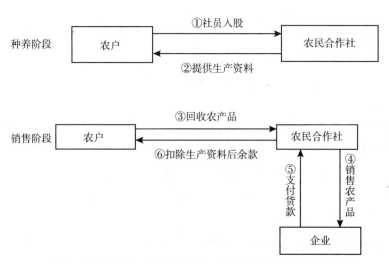

图3－2 "公司+农民合作社+农户"的链内融资模式

在种养阶段，农民合作社需要为合作社成员提供资金与物资上的帮助，可以采用赊销等方式为其提供种子、化肥、农药等方面支持。此外为了确保农产品质量能够满足企业各项规定，农业合作社还需要为农民提供相应的增值服务，如生产技术指导，进而提升农民的生产技术水平。

在销售阶段，企业通过农民合作社来收购农户手中的农产品，农民合作社在收购农产品时需要将赊销生产资料的费用扣除后才会将剩余资金支付给农户。在该过程中农民合作社很有可能出现资金不足等情况，企业就需要事

先预付一部分资金用于农产品收购，预付金与借款存在较大差异，预付金不需要支付任何利息费用，只需要在规定时间内将农产品运送至企业抵偿即可，这就有效减轻了农民合作社的资金压力，也提升了农产品的销售保障力度。

三、小结

"公司＋农户"的链内融资模式与"公司＋农民合作社＋农户"的链内融资模式是农业价值链的链内融资体系的主要模式。"公司＋农户"的链内融资模式相对简单，但由于农户数量多，公司难以了解每个农户的经营情况，且交易成本较高，致使公司难以应付，甚至望而却步，这就促使传统"公司＋农户"逐步向"公司＋农民合作社＋农户"模式进行转变，增加了农民合作社环节，可以有效地防控风险，降低交易成本，因为农户作为农民合作社的社员，农民合作社完全了解并深度参与农户的生产经营。农业价值链的链内融资主要是通过依托农民合作社内的资金互助体系，目前参与到农业价值链上的农民合作社基本开展了资金互助，社员将资金存入农民合作社，用于社员之间因生产或经营所需的资金调剂，已经形成了比较成熟的资金互助管理办法，企业依托农民合作社实现农业价值链内的融资。

第二节　安徽省黄山市茶产业价值链内融资现状调查

地处安徽省南部的黄山市，是安徽省盛产茶叶的主要地区，其中茶农数量高达 70 万人，是全部农业人口的 59.3%。截至 2016 年年底，全市茶园种植面积 5.07 万公顷，茶叶生产是山区农民的主要收入，2016 年黄山市茶叶总产量为 3.3 万吨，实现茶叶一产产值 30.3 亿元、综合产值 120 亿元，茶农人均收入超过 4700 元，茶叶产量与产值均居安徽省首位。目前黄山市有 5 个县区被评选为国家级重点产茶县，随着近年来政府不断加大对龙头企业的扶持力度，黄山市政府在此过程中建立了茶叶龙头企业与合作社，其中包括 1 家国家级龙头企业，41 家省级以上龙头企业，100 多家较有规模的制茶企业，另外，2016 年新注册农民合作社有 167 家，累计达到了 1821 家，建成国家级、省级农业标准基地 25 个。茶叶已经成为黄山市支柱产业。

本书通过问卷调查，运用定性与定量相结合的方法，从茶农和茶企两个角度研究黄山市茶产业价值链的融资状况。黄山市第一产业在 2016 年取得了较快发展，仅在当年就实现了 56.4 亿元的生产总值，相较 2015 年增长了 2%。茶产业也保持着迅猛的发展趋势，在农产业当中占据比例高达 32%，连续数年表现出增长趋势。黄山市境内目前拥有多家企业从事茶叶生产、加工、销售工作，从作者的调查情况可以发现，多数茶叶企业与茶农都存在一定程度的融资需求，虽然他们可以通过传统融资渠道获取资金支持，但是其仍然面临资金不足等情况，部分地区也尝试通过价值链融资增加资金来源，与传统融资相结合仍然不能解决资金匮乏问题。

一、基于茶农的价值链融资

为了方便对茶农价值链融资情况进行研究，本书对茶农融资需求、价值链融资参与情况、融资满足度等分别开展问卷调查，选取黄山市徽州区、祁门县与黄山区为调查对象，最终收回有效问卷 256 份。

（一）茶农融资需求及融资主要来源

结合问卷调查结果可以发现（如表 3 - 1 所示），有 221 位茶农认为茶叶生产存在融资需求，这一数量占据总调查人员的 86.3%；此外还有 35 位茶农认为自身不需要融资，而从调查信息可以种发现这 35 位茶农全部处于名优茶产区，且他们年收入全部超过 10 万元，拥有充足的流动资金。而在以上 221 位茶农当中，超过 176 人在过去三年内存在借款行为，这一数字在该群体当中占比达到了 79.6%。从借款额度方面来看，借款在 5 万元以上的茶农有 16 位，占比为 9%；借款在 5 万元以内的茶农有 160 人，占比为 91%。从这些调查数据中可知，大多数茶农在生产当中对小额流动资金具有较高需求。通过对这些茶农借款目标进行分析后可以发现，茶农借款对象有亲友、合作社、企业、金融机构与贷款公司等，其中亲友借款占比为 34.09%，这是因为亲友借款手续较为简单，而且大多数借款都是低息甚至是无息借款，茶农更加愿意采用这种方式获取所需资金。此外，黄山市茶农金融意识较为强烈，他们愿意向金融机构借款，也有部分人员愿意向专业贷款公司寻求资金帮助。

表 3 – 1　　　　　　　　　　黄山市茶农融资来源

主要融资来源	正规金融机构	中小企业	合作社	亲友	小额贷款公司
茶农人数（人）	47	45	20	60	4
占比（%）	26. 70	25. 57	11. 36	34. 09	2. 28

资料来源：问卷调查所得。

（二）茶农参与价值链融资情况

176 位有借款行为的茶农中有 152 人参与到价值链融资当中，占比高达86.4%，这表明黄山市茶农在价值链融资当中的参与积极度较高，而根据茶农对价值链融资是否有作用的评价来看，超过 122 位茶农认为价值链融资发挥出了明显作用，也有 24 人认为价值链融资没有发挥任何作用（如图 3 – 3所示）。

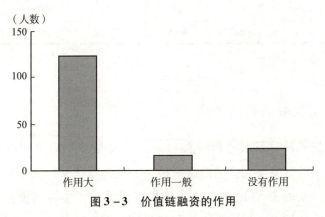

图 3 – 3　价值链融资的作用

资料来源：问卷调查所得。

由调查结果得出黄山市茶农主要借款模式有两种：一种加入价值链融资体系中，通过不同合作方式从合作社或企业获取资金帮助，而合作社与企业则根据农户生产与信用情况进行授信分类，并给予相应的资金帮助；另一种则是不加入价值链融资体系，选择联保等方式从银行获取小额贷款。由调查结果可知，正规金融机构通过与合作社等机构合作，间接地为茶农提供资金支持，这种融资方式的优势就是能极大地降低正规金融机构的贷款风险，当茶农出现违约等情况时，金融机构不需要针对茶农开展追讨工作。茶农通过价值链内部融资来获取相应资金，在此过程中合作社与企业会为茶农预付款项，以此来解决茶农生产过程中存在的资金匮乏问题，进而有效提升茶农生产积极性，获得他们对内部融资的认可，从调查结果可知，参与到价值链融资当中的茶农比例为71%（如表3-2所示）。但是从对茶农融资积极性产生的影响来看，茶业龙头企业所发挥的作用要强于合作社。

表3-2　　　　　　　　茶农参与价值链内外融资的程度

类别	未加入价值链融资		加入价值链融资				
主要融资来源	正规金融机构	小额贷款公司	链外正规金融机构		链内非正规金融机构		
融资方式	联作联保	高利息	茶农+企业	茶农+合作社	中小茶企	合作社	亲友
参与人数（人）	20	4	17	10	45	20	60
占比（%）	11.36	2.27	9.66	5.68	25.57	11.36	34.1

资料来源：问卷调查所得。

（三）茶农融资的满足度

根据信贷关系对茶农进行分类研究，一类是参与到价值链融资体系中的；另一类是没有参与到价值链融资体系。通过对比分析来了解茶农受信贷约束的影响。从表3-3的调查分析结果可以看出，参与到价值链融资中的茶农获取资金的情况要好于没有参与价值链融资中的茶农，超过一半的茶农从价值链融资中获取了充足资金。而对参与价值链融资的茶农做深入分析后可以发现，从内部融资中获取资金的效果要高于从正规金融机构获取资金的效果，外部融资虽然可以有效解决茶农面临的资金困境，但是其资金使用情况需要受到信贷条款的约束，无法灵活地使用资金。

表 3 - 3　　　　　　　　　　茶农获取信贷资金的情况

类型	参与价值链融资人数				未参与价值链融资人数			
	链外正规金融机构（人）	链内非金融机构（人）	合计（人）	占比（%）	正规金融机构（人）	非正规金融机构（人）	合计（人）	占比（%）
获得40%及以下资金	13	10	23	13.07	15		15	11.36
获得40%~60%的资金	7	40	47	26.70	2		2	1.14
获得60%~80%的资金	5	60	65	36.93	2		2	1.14
获得80%~100%的资金	2	15	17	9.66	1	4	5	2.84
合计	27	125	152	86.36	20	4	24	13.64

资料来源：问卷调查所得。

二、基于中小茶企的价值链融资

本书还对黄山市政府税源建设情况进行了大量研究，作者参与到调研组中对黄山市税源情况进行调查，并利用相关部门提供的数据库对茶企价值链融资建设情况进行了深入研究，还开展了具有针对性的问卷调查。为了确保调查具有科学性与严谨性，本书选择黄山市区内7个县区内132家企业作为调查样本，通过走访与电话调查等方式对这些企业的领导与财务人员进行约谈，共收回有效问卷122份，本次调查问卷收集数据也是本书研究使用的重要数据。

（一）中小茶企融资需求及融资主要来源

132家被调查的茶企中，122家存在融资活动，其中48家的融资需求额度在50万元以下，31家的为50万~100万元，26家为100万~200万元，17家为200万元及以上。超过80%的借款期限超过了1年，结合茶企借款资金使用情况可以发现，这部分借款主要用于茶园改造、茶叶收购、厂房建设等方面，还有部分企业将借款用于营销网点建设。63.9%的茶企希望将资金用于固定资产投资领域，还有23%的茶企希望将借款用于茶叶收购，这表明茶企目前仍然面临固定资产建设资金短缺的问题，需要长期性的融资支持（如表3－4所示）。

表3－4   茶叶企业贷款融资用途

所需融资项目	茶企家数（家）	占比（%）
茶园改造	30	24.6
鲜叶收购	28	23.0
厂房建设、设备购置	48	39.3
营销网点建设	16	13.1
合计	122	100.0

资料来源：调查问卷所得。

黄山市中小茶企外部资金大多来自正规金融机构，在本次调查的122家茶企当中，超过112家茶企表示向正规金融机构申请过贷款，总占比达到了91.8%；有2家茶企存在向个人借款；有8家茶企向社会贷款机构申请贷款（如图3－4所示）。从以上数据可以发现，茶企对正规金融机构具有较高的依赖性，希望能够从该机构当中获取到资金帮助。但是，由于中国人民银行规定企业间不允许开展直接借贷，这就导致企业无法通过该形式获取资金，要想取得融资，只能采取延迟应收款和应付账款等形式。

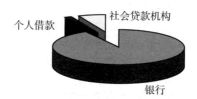

图3－4 中小茶企外部融资主要来源

资料来源：调查问卷所得。

（二）中小茶企参与价值链融资情况

从表3-5中可以发现，黄山市存在融资行为的112家茶企当中，大多数是向正规金融机构申请贷款服务，这些茶企当中有92家企业没有参与到价值链融资当中，所以其主要采用产权抵押、信用担保、固定资产抵押等方式从正规金融机构获取贷款。而且并不是所有茶企都能够从正规金融机构获取贷款，这92家企业当中就有35家茶企被银行拒绝了贷款申请，这是因为这些茶企信用评级较低或者抵押品价值过低，无法满足银行贷款业务的各项要求。

表3-5 　　　　　　　　　　　中小茶企融资结构分布

贷款方式	企业个数（家）	占比（%）
林权抵押贷款	18	16
固定资产抵押贷款	22	20
信用担保贷款	9	8
商标专用权质押贷款	8	7
价值链融资方式	20	18
其他	35	31
合计	112	100

资料来源：调查问卷所得。

112家融资茶企中仅有20家参与到价值链外融资，目前黄山市茶企外部价值链融资主要通过金融机构来完成，金融机构还需要为其提供创新价值链融资工具，较为常见的有：中国银行的订单融资、融货达等；中国工商银行的订单融资、电子供应链等；中国建设银行的善付通、供应贷等。这些银行为供应链金融创新提供了大量工具，极大促进了供应链金融体系的发展，但是将其与黄山市茶企实际情况相结合时，发现我国商业银行虽然提供了大量金融创新工具，但是只有少数几种能够适用于黄山市茶企。本次调查当中发现茶企所使用的价值链融资工具有订单融资、应收账款融资、出口保理融资、信用担保贷款与非标准仓单质抵押融资（如表3-6所示）。将其与银行提供的融资工具对比分析后可以发现，银行在贸易融资活动中持有较强的谨慎心理，在信用融资方面进行了较为严格的审核，导致其更加愿意提供货押类与权利类融资，这表明银行希望将自身承担的风险管控在较低水平，从而降低自身在融资体系中出现坏账与呆账的可能性。

表3-6 中小茶企价值链外融资工具

金融机构＼融资工具	价值链融资创新型融资工具	适合黄山市中小茶企使用的创新型融资工具
中国银行	订单融资、销易达、融货达、融易达、融信达、出口保理、进出口双保理、通易达	订单融资、出口保理
中国工商银行	电子供应链、国内订单融资、国内保理	电子供应链、国内订单融资、国内保理
中国建设银行	供应贷、善付通	供应贷
中国民生银行	供应商信用贷款、应收账款池质押贷款、核心企业担保贷款	供应商信用贷款、核心企业担保贷款
中国交通银行	非标准仓单质押贷款、应收账款封闭贷款、网上应收账款质押贷款、小企业银保通	非标准仓单质押贷款

资料来源：调查资料整理所得。

（三）中小茶企融资的满足度

黄山市茶企目前主要采用金融机构贷款与价值链融资两种方式获取融资，其中金融机构贷款主要有以下几种：固定资产抵押、信用抵押贷款、商标专用权抵押贷款等，而黄山市茶企最为常用的贷款方式为固定资产抵押贷款，超过22家茶企选择这种方式进行贷款，占据了总调查茶企数量的19.6%，而且这部分茶企的贷款满足度大多处于0.5~0.7之间。还有18家茶企选择林权贷款方式作为自身的主要贷款方式，占据总调查比例的16%。根据相关数据可以发现94.4%的茶企信贷额度为40%以下，这表明林权抵押无法良好地解决茶企资金不足等问题。信用担保与商标专用权担保使用较少，仅有

1 家企业使用并且达到 80% 的贷款满足度，这是因为该企业商标为中国驰名商标。

结合价值链融资与金融机构贷款进行对比研究，从而了解茶农采用这些贷款方式满足度变化情况，112 家茶企向金融机构申请了贷款帮助，11 家茶企参与到价值链外融资当中且获得了 80% 的融资满足度，仅占据总体比例的 9.8%，从表 3-7 的数据可以发现，价值链外融资总量较小，但是能够有效提升企业贷款满足度。

表 3-7　　　　　　　　　　中小茶企融资满足度情况

融资方式	林权抵押贷款	固定资产抵押贷款	信用担保贷款	商标专用权质押贷款	价值链外融资	其他方式
没有获得融资						35
获得 0.1 的满足度	2					
获得 0.2~0.4 的满足度	15	6	7	5	4	
获得 0.5~0.7 的满足度	1	16	2	2	5	
获得 0.8~1 的满足度				1	11	
合计	18	22	9	8	20	35

资料来源：调查所得。

三、黄山市茶产业价值链融资的问题分析

价值链融资虽然在一定程度上缓解了黄山市茶农与茶企融资难的问题，但是茶业价值链融资由于受到诸多因素的制约并没有得到有效推广。对这些制约因素进行深入分析后发现原因来自于各个方面，其中体制因素较为突出，使得价值链内的茶农茶企承担了较高的负担，不利于进一步扩大其发展空间，进而限制了价值链融资的发展，并在一定范围内加大了融资风险。

（一）法律制度亟须完善

目前，价值链融资是一种全新的融资方式，无论是国家还是企业都处于

探索阶段，因而在法律方面还存在很多的问题有待完善。截至目前，由于价值链融资体系还没有完整的建立起来，导致其在不同地方的表现形式存在较大差异，有些地方还出台了地方法规对其做明确规定与制约，这就给金融机构开展相关工作带来了难度，如物权确认、贷后追偿等。结合黄山市当前对抵押融资物方面的规定来看，开展价值链融资将会导致优先追偿权难以实现，再加上我国现行物权法对耕地、宅基地、自留地等土地使用权作出了明确规定，要求这些土地使用权不能够被用于抵押，而且黄山市仅有不足10%的茶园办理了林权证，这就导致茶企与茶农向正规金融机构申请贷款时无法提供有价值的可抵押物品，使林权资产很难得到金融机构的认可，并且银行业无法对茶园产权作出合理评估。此外黄山市茶园还存在分布广、规模大等特点，即使某一地区存在大面积茶园也会出现茶园分属不同人所有等情况，这就提升了银行贷款审批难度，也提升了其贷款经营成本。如果发生贷款无法收回的情况，由于银行缺乏茶园专业管理人才，即使其能够回收茶园产权来弥补自身损失，也无法安排相关人员维持茶园生产管理工作，无法将这部分资产变现来弥补损失。

（二）信用内生关系脆弱

价值链融资模式受个人、商业、银行等方面信用状况的影响，可以在特定情况下通过个人信用或商业银行来弥补银行信用方面的缺失，帮助合作双方建立完善的信贷关系。这也就是说个人与企业在合作时会将彼此信用提升至较高水平，这就对个人信用与道德水平提出了较高要求，价值链核心主体也必须保持良好的信用传递效率，能够将征信体系变化情况及时反映出来。而且，在茶产业价值链融资体系当中，如果企业、合作社与茶农签订了固定收购合同，那么遇到自然灾害或市场行情变化时，茶农无法履行合同，企业与合作社也无法采用针对性措施来保护自身权益。此外，茶农普遍存在小农思想，他们无法顺应市场变化对自身生产经营进行调整，也不具备较强的自我保护能力，需要依靠第三方机构帮助其开展销售工作，当第三方销售机构数量较多时，会为茶农提供更多的可选择对象，进而出现多次博弈情况，再加上双方签订的供销合同执行能力较弱，降低了茶农违约成本。从社会征信体系建设情况来看，法律并没有对个人征信情况作出严格限制，公民个人不良信用记录只会储存 5 年，这就导致社会诚信度始终维持在较低水平，进而导致市场中频繁出现失信行为。宽松的征信制度与缺乏利益捆绑导致银行很难对产业发展情况做合理判断，不愿意为该行业发展提供更多帮助。

（三）主体带动作用不强

价值链融资信用传递方式主要有两种：一种是依靠茶企进行传递，另一种则是依靠合作社进行传递。在整个价值链融资体系中，核心主体经济实力、管理水平将会对其他参与者产生较大影响。黄山市当前大型茶企数量较少，本次调查的 638 家茶企中经营规模达到 1000 万元的仅有 11 家，而年营销为 2000 万元的茶企也只有 28 家。黄山茶企不仅规模小，还存在不同程度的财务管理问题，不少企业并没有建立完善的财务管理体系。由于价值链融资在我国正处于发展阶段，商业银行为了降低自身融资风险，设置了较高的信贷门槛，如果茶企只拥有中小企业规模，那么将无法获得银行的认可，再加上银行提供的创新性融资工具与实际需求存在差异，企业无法将其顺利地使用在价值链融资工作中。这些因素导致商业银行将其信用评级维持在较低水平，当合作社向银行申请贷款服务时不仅需要满足诸多标准，还需要付出较高的贷款成本。从茶企发展角度来看，大多数茶企都是根据自身发展规划开展工作，没有开展良好的合作，导致其没有形成产业集群效应，没有充分发挥出价值链融资的真正作用，没有起到融资主导作用。茶农合作社的建立是为了保证广大茶农通过合作来实现共同受益，但是目前黄山市茶农合作社大多是由茶企和规模较大的茶农发起建立的，茶农在其中具有较高的依附性。而从合作社利润分成情况来看，加入合作社当中的茶农收入增长有限，只能够获得较小的利润提升。

（四）金融基础环境欠佳

价值链融资推广是一项长期性工作，金融机构需要对其进行大量研究，从而了解价值链融资在我国实际运用情况。黄山市茶产业价值链融资目前面临的主要问题就是银行贷款规模较小、农村金融体系不完善、融资工具开发不合理等，银行等金融机构应给予重视，并采取相应措施予以解决。

根据政府相关部门提供数据，黄山市金融机构在 2014 年为本市农业提供了 526.2 亿元贷款，相较 2013 年增长了 11.5%，其中茶产业贷款总额为 16 亿元，增长幅度高达 15.9%，但是从贷款总量来看，茶产业贷款仅占农业贷款总额的 3%，在全国农业贷款迅速提升的基础上，黄山市茶产业贷款总量增长幅度较小。我国农村金融服务体系不完善问题始终存在，首先是农村金融服务网点数量较少，无法满足农村地区对金融服务的需求。而且在地处偏僻且经济落后的地区开设服务网点需要付出较高成本，但是却无法获得与成本相对应的效益，导致我国部分乡镇只拥有两三个金融服务网点。此外，随着农村电商的发展，农村金融服务网点人才匮乏问题进一步突出，不少农民不具备电脑操作能力，而手机移动支付等功能也很难在农民群体中普及。其次，信息化网络与物联网没有进行无缝隙对接，我国农村信息体系建设还不完善，导致信息资源成为农村地区的稀缺资源，部分地处偏远地区的茶园受到交通不畅、物流体系不完善等因素的影响，无法将商品及时运送出去。最后，监管部门没有开展针对该项服务的监管工作，导致部分非正规信贷公司通过非法手段吸取民众存款，部分公司甚至出现卷款出逃等情况，网络信贷被社会大众所抵制。

黄山市茶企始终面临着资金缺口，各大商业银行虽然开发出了大量价值链融资工具，但是仅有少部分可以被用于茶产业当中，缺乏专门用于茶产业价值链融资体系中的工具。黄山市不少茶企采用标准仓融资方式，这就对其物流系统提出了较高要求，只有满足银行在该方面的规定才能够获得准入资格；如果茶企想要用出口双向保理作为价值链融资工具，那么企业就需要具备较强的出口能力，并拥有大量能够用于出口的高级茶品，银行还会对企业信用、经济能力等进行调查，而目前黄山市只有少部分茶企能够满足该要求。此外茶产业与文化产业没有良好地结合在一起，导致金融体系无法寻找到合适的切入点与时机，在保护当地特色产业与发展茶产业经济之间很难进行取舍。

第三节　黄山市茶产业价值链融资的个案剖析

本部分将以黄山 A 茶业有限公司（以下简称 A 公司）作为个案剖析，A 公司是产业链当中的龙头企业，该公司与茶叶原料提供者、原材料提供者、茶农与下游物流公司开展了一系列合作，并加大了与电商、旅游公司的合作力度，建立了以自身为核心的茶产业价值链，因此，选取 A 公司进行个案剖析具有较强的针对性和代表性。

A 公司在转型前是一家专门从事旅游服务的公司，该公司成立于 2000 年，并在 2006 年正式改名为黄山 A 茶叶有限公司。A 公司目前拥有员工 68 人，公司注册资金为 600 万元，目前拥有 133.33 公顷有机茶生产基地，还拥有两座茶叶储存仓库，在全国各地共建立了 12 个分支机构。A 公司还加强了产业链的延伸，不仅成立了物流、旅游、酒店等分支机构，还很注重产业链管理工作，仅在 2017 年就实现了 2000 万元营业收入的目标。目前 A 公司拥有总资产 1189 万元，已经成为黄山市著名企业。公司旗下某品牌茶叶在 2012 年获得了"安徽省驰名商标"的称号，并在同年通过了有机茶认证。

一、价值链融资主体分析

（一）龙头公司

A 公司在整个价值链当中不仅需要发挥出协调生产与组织销售的作用，还需要通过相关工作来实现价值增值，确保整个价值链都能够从中获益。公司每年都需要对上年销售数据进行汇总调查，从而制定今年的生产计划，而公司基地茶厂则需要严格按照生产计划开展生产工作，如果基地生产工厂不能够独立完成生产任务，那么剩余加工任务将交由专业合作社来完成。公司还需要承担全国几大城市分销处的销售管理工作，此外电商与超市的销售工作也由公司负责。A 公司在大洋湖地区建立了近千亩茶叶种植园，该茶叶园

43

所有生产种植工作都严格按照有机茶相关标准进行，确保其所生产的茶叶全部符合有机茶认证标准。A 公司还开发了茶叶旅游观光业务，并围绕其建立了农家乐酒店与旅游公司，在旅游旺季每日能够接待游客 200 人次，旅游收入已经占据了公司总营业收入的 20%。

（二）农民合作社

A 公司在 2008 年底与茶叶种植大户合作建立了农民合作社，该合作社的注册资金为 30 万元，主要为成员提供生产经营服务，并提供销售指导。从价值链整体来看，合作社在整个价值链当中处于居中位置，需要承担协调沟通、生产指导等方面的责任，一方面要从自身经营管理中获取到足够利润，另一方面还要为茶农争取更多利益。合作社建立了严格的产品质量等级体系，并建立了专门的农技部门，邀请农业专家定期开展病虫害防治工作，并将龙头企业指定的有机肥与农药交由茶农进行生产，确保其生产过程中只使用有机生产材料，还需要帮助茶农确认农药与肥料播撒情况。合作社还需要对收购茶叶的质量进行确认，将验收合格的茶叶运送至 A 公司。A 公司对获得初步验收的茶叶进行分拣，确保将非核心区域生产的茶叶全部排除在外，并根据不同茶叶的产地、新鲜程度标注在茶叶外包装上，最后由质检部门进行抽样检查。合作社每年年初需要与 A 公司签订收购合同，A 公司需要以高于市场价 5% ~10% 的价格收购合作社的茶叶，并需要为茶农提供鲜茶叶储存服务。但是合作社也需要确保送至 A 公司的茶叶全部符合相关标准，如果在抽检工作中发现不合格茶叶，那么合作社交存的保证金将会被 A 公司没收，而合作社则可以根据 A 公司提供的茶叶清单寻找到茶叶生产者，对其进行警告或者直接取消合作。

（三）茶农

茶农在整个合作过程中需要严格遵守合作社的规定，确保其采摘的茶叶符合相关标准，并通过合作社将新鲜茶叶运输到 A 公司。与 A 公司开展合作的茶农主要有两种：一种是合作社内的成员，他们是当地从事茶叶生产种植的茶农，需要缴纳保证金并签订合同才能够入社，严格遵守有机茶的生产规定。相对于其他茶农而言，他们的生产会受到协议与保证金的影响，因此能够按照合作社的要求采摘符合要求的茶叶。另一种则是核心区域外的茶农，他们能够为 A 公司提供高档茶叶，因为高档茶叶基本要依靠手工制作，A 公司只能够按照市场需求采购并制作茶叶，所以 A 公司与这部分茶农合作并不密切。

（四）银行

A 公司与银行的合作时间较长，其在过去发展过程中曾通过厂房、设备等抵押方式获取发展所需要的资金，所获取规模最大的一次贷款是 3 年期总额为 500 万元的贷款。结合 A 公司历史财务数据来看，其贷款主要为 3~6 个月的流动资金贷款，用于茶叶采购与工资发放等方面，以及期限 1 年以上的贷款，用于扩大生产与引进设备等方面。随着电子业务的发展，A 公司与产业链成员之间的联系更为密切，由于长期合作，银行为 A 公司量身打造了网络订单融资方案，这有效地提升了其资金周转率，使茶农融资面临的困难得到了有效解决。

（五）电商平台

我国电子商务在近年来获得了迅猛发展，不少生产商都建立了自身商务平台，截至 2014 年底黄山市已经有 40 多家茶企正式入驻天猫与淘宝商城，年交易量达 2.1 亿元，相较 2013 年增长幅度高达 30%。A 公司为了能够在电子商务中抢占更多市场，并帮助自身获取到更多利益，不仅直接入驻大型电子商务平台，还将大量线下产品直接搬至线上销售。途马公司是由黄山旅游公司全资成立的公司，该公司成立于 2005 年并在同年为客户提供企业对企业电子商务（B2B）、企业对客户电子商务（B2C）、消费者之间电子商务（C2C）等服务，此外我国主流银行都为该平台提供了在线结算服务，这就方便了用户与商家之间进行结算。在整个茶产业价值链当中，电商平台不仅能够起到媒介的作用，还能够将商家与用户信息收集起来，进而为企业、银行、个人之间的网络体系构建打下坚实的基础。通过信息收集可以对消费者行为进行研究，并将研究结果直接发送到供应商手中，使其能够提供具有针对性的产品与服务，进而提升在线商务平台成交量。此外银行还可以从中获取到交易信息，在合适时机切入到平台交易。电商平台将信息收集起来可以有效解决传统企业信息收集效率低下等问题，进而降低企业收集信息的成本。完成信息收集工作以后还能够基于这部分信息进行信用评估，并对订单进展情况进行全程跟踪，了解到客户与商户的真实信用情况，并将信用情况与银行征信机制进行连接，方便银行开展授信业务，将贷款风险控制在较低水平。

二、价值链内融资运行机制分析

A 公司为了确保自身能够获得充足的茶叶资源供应，选择开展"基地 + 合作社 + 茶农"的合作方式，在提升茶叶质量的同时开展规模化生产，不仅有效降低了公司与茶农的生产成本，还为企业提供了大量高质量茶叶原材料，使茶农获得了更多的经济效益，实现了价值链的增值和拓展。从我国目前茶叶市场情况来看，有机茶比普通茶的价格每斤要高 30 元，这表明有机茶已经得到了广大客户的认可。在价值链拓展方面，A 公司还通过旅游公司将茶叶产品整体加入旅游体系中，从中获取的大量资金用于解决企业资金链短缺等问题。另外，A 公司还为游客提供了旅游"一条龙"服务，这一举措极大吸引了全国各地的游客和一部分茶商前来参观。茶园生态旅游不仅调动了茶农的生产积极性，还带动了附近旅游产业的发展，使茶农能够从中获取更多收益。A 公司目前采用的种植、生产、销售产业链如图 3 - 5 所示。

从 A 公司价值链融资体系当中可以发现，银行、政府与 A 公司共同承担了整个价值链的风险，而 A 公司充分利用这种利益链接关系从各个主体获取信息，帮助产业链上下游企业或个人获得金融机构的帮助。A 公司作为价值链龙头企业向生产者提供原料赊销服务，并从下游旅游公司中获取流动资金弥补自身资金空缺，确保公司流动资金不会出现短缺等情况，并加快价值链内部融资体系的建立。在当前生产经营情况下，合作社需要为茶农生产提供帮助，并为茶农生产做担保，利用该担保从银行中获得贷款，并将贷款用于帮助茶农生产。因此，价值链内融资是价值链融资的基础和核心，价值链外资金的注入为价值链内融资提供了资金来源。

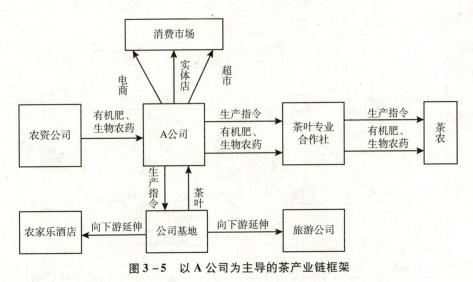

图3-5　以 A 公司为主导的茶产业链框架

资料来源：作者整理所得。

　　作为价值链上的核心信用主体，龙头公司不仅需要承担生产方面的责任，还需要同时提供销售服务，如果龙头公司开展电商营业模式，那么消费者向企业下达订单，将会对企业生产经营产生较大的优化作用，能够根据消费者需求生产出具有针对性的产品。银行可以利用电商平台对相关信息进行收集与分析，从而了解到相关客户的信贷服务是否存在风险，并通过现有网络技术对贷款审批制度和程序进行优化，逐步将电子信用信息转变为商业信用，以帮助企业解决自身流动资金不足等问题。茶产业价值链融资可以有效降低银行信贷成本，A 公司所建立的价值链融资体系如图3-6所示。

　　从 A 公司的案例分析中我们可以看出，内部融资可以分为生产和销售两个部分。在整个价值链当中茶农始终处于弱势地位，他们很难从银行获取到融资。为了解决这一问题，A 公司为茶农提供生产材料赊销服务，并通过销售预付金等形式来帮助茶农解决自身资金匮乏问题，提升了茶农的生产积极性。

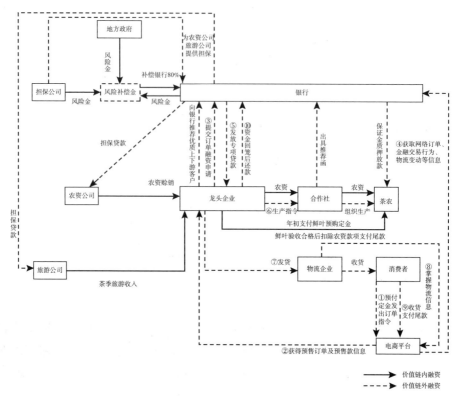

图 3－6　A 公司全产业价值链融资模式

资料来源：作者整理所得。

在生产阶段，A 公司与农资公司开展了大量合作，当公司收到合作社提供的农资材料清单时，需要结合农户签订的赊销协议进行对比分析，从合作农资公司当中选取并大批量购买有机肥与生物农药，而农资公司直接将货物运输至合作社，由合作社负责将货物分配到茶农手中，并承担相应的监管工作，此外合作社还需要为茶农提供技术咨询服务，茶农则将自己未来生产出来的茶产品作为抵押。

在销售阶段，A 公司需要根据事先与合作社签订的协议，为所有参与到本次合作当中的茶农开设银行账户，并根据年初计划先拨款 20% 到茶农账户，将这部分资金作为茶农生产经营的费用。当茶农提供的产品通过验收后，A 公司会根据验收清单支付剩余资金，通过银行渠道将购买农资的欠款全部支付给农资公司，并将茶叶尾款支付给茶农。

　　茶季实际上也是旅游旺季，此时会有大量游客选择进入茶园，这就会在短时间内为企业带来较高的旅游收入，由于旅游业存在资金流动迅速等特点，A公司可以将这些资金用于解决因为大量预付款而造成的流动资金匮乏等问题，在度过资金周转期后再将资金返还旅游公司。通过这种方式可以有效解决A公司在主营业务中存在的资金匮乏问题，并提升价值链中其他主体获取资金帮助的可能性。

　　结合当前茶产业链发展情况可以发现，随着电子商务的发展茶产业链也出现了较大变化，极大提升了价值链不同成员之间的联系，从而提升了茶产业的发展水平。A公司通过价值链融资在短时间内就增加了25%的营业收入，随着电商在茶产业体系中的影响进一步扩大，商业银行将会为产业链提供更为完善的服务，并根据茶产业实际发展情况提供有针对性的信贷服务，而A公司则通过自身拉动整个产业链的信用水平，将银行贷款风险管控在较低水平。

三、价值链融资主体的优劣势分析

　　本书还使用SWOT分析法对价值链参与者发展情况进行了大量研究，从而了解这些参与者所面临的发展机遇与威胁，A公司融资SWOT分析如表3-8所示。

表3-8　　　　　　　　　A公司融资案例参与主体的SWOT分析

参与主体	优势（strength）	劣势（weakness）	机会（opportunity）	威胁（threat）
茶农	拥有丰富的茶叶种植经验，可以根据季节变化进行茶叶种植，在茶叶淡季可以解放出自己的劳动力	不具备生态茶园的种植经验与知识，不理解生物农药、有机肥与传统化肥、农药之间的差距。不具备较强的销售能力，对农业自然灾害的抵抗能力较低	遵守龙头企业制定的生产标准来获得其提供的定金与生产资料，部分信用良好的茶农还能够从银行等金融机构获取资金帮助	债务人会将原本用于生产经营活动中的资金用于其他方面，导致贷款资金被用于非生产经营，如果市场出现较大变化将会承担较高的还贷压力

参与主体	优势（strength）	劣势（weakness）	机会（opportunity）	威胁（threat）
茶叶专业合作社	享受国家制定的减税或免税政策，能够组织一定范围内的茶农开展联合生产经营活动，也是茶农最为重要的销售渠道与外部联系方式	家庭农产的发展导致合作社发展受到了影响，合作社无法对加入其中的茶农产生较大影响。社员对合作社未来发展情况并不关心，进而影响到合作社财务、管理等工作，导致正规金融机构不愿意提供贷款服务	能够较好地掌握茶叶资源与茶农生产情况，是茶农寻找外部合作对象的主要方式，也是其寻找融资的主要对象	能够为茶农提供担保服务，需要为茶农支付担保金，如果茶农出现违约行为将承担经济损失
龙头公司	核心基地可以保证企业原材料供应不受影响，企业拥有较强的技术优势，可以将企业生产经营成本控制在较低水平。企业还拥有多元销售体系，能够将产品库存率维持在较低状态	随着市场同类型产品不断增加，企业不仅需要承担同质化竞争压力，还需要面临随时可能到来的价格战威胁。市场销售价的降低导致企业利润被大量压缩，而且茶产业也没有获得政策性保险，如果遭受自然灾害需要承担较高损失	拥有大量固定资产与具有抵押价值的物品，可以通过旅游业等来解决自身流动资金不足等问题，确保产业链内部融资拥有充足的资金保障	茶叶价格如果出现下跌等情况，公司采取最低收购价将会承担较高的经济损失。公司与旅游企业进行利益绑定，如果其出现债务危机将会对公司造成连带危机
电商平台	是整个茶产业信息集聚地，其不仅拥有先进的信息技术保障，还能够对电子商务交易信息进行研究，其研究成果可以作为银行开展信贷服务的信息保障，使银行能够掌握到合理切入时机，这就有效降低了银行风险管控成本，还将贷款风险管控在较低水平	银行将信息评估工作外包给电商平台，这就意味着价值链融资风险管控工作将由电商平台来完成，如果电商平台的加入者越来越多，那么电商平台就会将工作分散到不同主体当中，导致其信息分析带来的风险也出现了较大提升	由电商平台对合作企业实际信息进行调查，并根据调查结果开展授信服务，这就吸引了大量中小企业进入电商平台，希望能够获取银行贷款服务	电商平台是数据分析工作的执行者，如果其提交的信息分析结果不具备较高的准确性，那么将会导致电商平台信用分析结果不被银行所认可，导致整个产业链发展出现负面信息，甚至有可能对产业发展产生颠覆性冲击
银行	拥有非常强大的经济实力，还拥有完善的风险管控体系	为了降低自身贷款风险，不愿意为抵押价值不足、风险较高的农业领域提供贷款服务	在政府相关政策的鼓励下愿意为小微企业提供贷款，并将风险通过相关工作转移到合作社	当价值链上的企业、农户出现违约行为时，银行需要承担因此造成的经济损失

资料来源：作者整理所得。

四、价值链融资的风险控制机制

从前面分析中我们能够发现，茶产业价值链融资可以给参与者带来较高的经济效益，但是价值链融资是一种全新的金融模式，这就导致其在不同主体所产生的影响存在一定差异，进而对价值链稳定性产生影响。此外如果参与者作出的决策对其他主体利益产生负面作用，那么就会造成价值链整体利益受损，所以本书着重对风险控制方面进行了研究，希望能够有助于茶产业价值链融资的发展。

A 公司是黄山当地著名的茶产业公司，该公司的发展能够有效带动当地茶农收入的提升，而茶农、小微企业与 A 公司进行合作不仅能够增加经济效益，还能够降低生产经营中的不确定性，也能够提升自身融资能力。A 公司还建立了追溯机制，当发现问题后可以利用该机制寻找到产生该问题的原因，有效提升了公司在茶产品市场中的形象。

（一）担保推荐制度

银行采用担保推荐制度有效降低了自身审查工作力度，茶农想要向银行申请贷款服务，必须要通过合作社的审批，只有通过合作社的审查并获得推荐，在合作社缴纳相关押金后农户才可以获得贷款。茶叶合作社是直接面对茶农的合作机构，其必然能够了解到茶农的真实经济情况，通过合作社推荐可以解决银行与茶农之间信息不对称所产生的问题，帮助银行将贷款风险降低至较低水平。

担保公司与龙头企业通过联合担保等方式可以帮助下游企业获取经营发展所需要的资金，通过这种方式可以将贷款风险转由龙头企业与保险公司共同承担，而龙头企业作为上游企业可以了解到下游企业实际发展情况，其可以定期对下游企业运营情况做合理判断，通过这种方式可以有效促进下游公司的发展，进而通过下游反哺上游等方式，有效提升龙头企业发展水平。

（二）风险补偿制度

风险补偿制度是由政府提出并建立的一种风险补偿模式，该模式可以对价值链内信用弱势群体提供信用增级服务，将金融服务逐步向茶产业聚集。结合价值链融资发展情况来看，风险补偿金是由银行、政府、担保公司三方共同承担责任，当小微企业出现经营管理风险时，三方需要按照事先约定的比例承担相应损失，如果小微企业经济状况好转，那么就需要将相关款项如数返还，并支付相应的利息。这种风险补偿机制有效解决了传统贷款机制中全部由银行或政府埋单的问题，避免小微企业通过恶意转嫁风险等方式获利，也能够有效提升资金使用效率，促进社会征信体系的建设。小微企业想要获取风险补偿金，就需要将自身详细资料在银行进行备案并建立档案，如果小微企业拒绝还款或者存在其他违背合同的行为，那么将会导致其信用评级大幅度下滑，而且该信息将会上传至社会征信体系，使小微企业很难从整个银行体系中融资。

（三）结构授信安排

结构性授信不同于传统授信，在结构性授信过程中，银行以价值链真实交易信息为依据，将风险管理外包到核心企业当中，这一方式能够有效解决银行融资专业化不足等问题，使银行能够将管理效率始终维持在较高水平。结合 A 公司融资案例来看，银行可以通过电商平台来了解融资企业实际经营销售情况，并通过物流公司对融资公司货物转运情况、真实货物合同履行情况进行了解，以此对龙头企业作出授信安排。龙头企业在获得授信资金后，将其逐步转变为内源融资，根据价值链不同组成部分的生产经营工作进行分类，对资金进行分配。这种结构不仅能够解决传统授信单一主体与实际多主体资金需求的矛盾，还能够解决银行与茶农之间存在的信息不对称问题。

（四）激励约束机制

最优博弈选择。基于茶农方面来看，茶农想要参与到价值链融资当中就必须要以自己未来茶叶销售款作为担保，此外茶叶价格、生产成本与收益都会对茶农是否参与价值链融资产生影响。结合 A 公司与合作社签订的合作协议来看，A 公司必须要以高于市场的价格来收购合作社的茶叶，这就有效保证了茶农收入能够获得稳定提升，减少市场价格波动对茶农所造成的经济损失。A 公司作为整个价值链的核心部分，其拥有较强的经济实力与信用，其应当充分利用这一优势为农户提供赊销服务，从而降低农户生产经营所面临的资金压力。此外农户在价值链当中还会对自身未来收益做合理预期，但是最终会认为价值链融资是其解决资金与销售问题的主要方法。

声誉激励约束。合作社是广大的经济基础相对薄弱的群体为了满足自身融资需求，基于地缘、亲缘等优势而自发组织起来的，在农村地区尤为明显，因此合作社成立的初衷是助农增收。大多数合作社都来自于一个村，部分社员还存在亲属关系，所以从其行为动机方面进行研究，可以发现茶农为了保持自己在家族中的信誉，通常会选择遵守合约。这也就是说家族声誉可以保证合作社的稳定发展，如果不遵守合约，不仅会有损自身在家族中的声誉，而且有可能会被退出价值链。

违约惩罚机制。由 A 公司的案例分析可知，其除了与茶农签订质量保障合同之外，由茶农缴纳一部分保证金能够很大程度上降低茶农单方面违约的可能性，同时该举措还能保障产品质量。

第四章

基于农业价值链的银行信贷融资体系及利益分配研究

农业价值链的链外融资是外部金融机构向价值链上某些主体提供金融服务而注入的资金流（Miller and Jones，2010；Quiros，2011），链外融资的资金主要来自银行和银行以外的金融机构，其中价值链外融资的主要渠道是银行信贷融资。基于农业价值链的银行信贷融资体系是从整条农业价值链出发，以核心企业为支撑，综合考虑农业龙头企业的资信状况、价值链上配套上下游参与主体的资信状况和价值链整体的运营状况，对价值链上的农户、家庭农场、农民合作社、农业企业等各参与主体提供资金支持。基于农业价值链的信贷融资服务是建立在价值链上下游之间真实的经济交易基础上，可以减少银行针对单一个体的繁琐的资信调查，降低交易成本和信贷风险。

第一节　基于农业价值链的银行信贷融资体系

基于农业价值链的银行信贷融资体系是银行基于合同为农业价值链上的农户、家庭农场、农民合作社、农业企业等各参与主体提供信贷融资服务。农业价值链的银行信贷融资体系主要是考虑了价值链管理过程中的资金流问题，基于不同角度可以将其划分为多种模式，根据价值链运作过程中的不同交易阶段、不同的资金缺口形式及不同的风险承担主体，将融资运作模式划分为以下三大类：应收账款融资模式、预付账款融资模式和存货质押融资模式。

一、应收账款融资模式

应收账款是指企业因销售商品、提供劳务等经营活动，应向购货单位或接受劳务单位收取的款项，属于企业的一项债权，是交易双方在赊销情况下产生的基于双方信用的还款协议，其期限一般表现为 30 天、60 天和 90 天。近年来，随着商品贸易经济的发展，企业应收账款的数量呈逐年上升的趋势，这就使得企业存在大量的债权无法变现、运营资金拮据，增加了企业的机会成本。而且，应收账款存在呆账、坏账的可能性，这在一定程度上增加了企业的损失，影响企业的运营和利润，尤其对中小企业而言，这将给其正常运营带来极大冲击。因此，需要借助应收账款融资来盘活赊销资本，从而降低企业风险，增加企业的流动资金。

（一）应收账款的融资途径及运行机制

应收账款融资作为一种短期融资模式，是指为解决资金周转困难，上下游配套中小企业或农户以未到期的应收账款进行融资，从而确保企业的经营活动能够继续有效运营的行为。应收账款融资的途径主要包括应收账款证券化融资、应收账款质押融资和应收账款保理融资。

1. 应收账款证券化融资

资产证券化是指将缺乏流动性，但在未来能够产生可预测的、相对稳定的现金流的资产，经过风险与收益的充足配置形成资产池，然后以发行证券的方式在资本市场上出售，从而获取融资、提高资产的流动性。资产证券化主要包含实体资产证券化、信贷资产证券化、证券资产证券化和现金资产证券化四类基本形式。

应收账款证券化本质上是信贷资产证券化的一种表现形式，是指配套中小企业即债权人根据自身的财务状况，将其所拥有的未来能够产生现金流的应收账款进行证券化处理，然后委托银行发行基于该笔应收账款的短期收益证券，使其能在证券市场进行流通，从而盘活以龙头企业为核心的上下游中小企业的应收账款存量资产，增加其资产的流动性，极大地促进中小企业的稳健发展。基于农业价值链的应收账款的债权人主要是价值链上的中小企业如农民合作社，债务人主要是农业企业，通常是龙头企业。由于价值链上龙头企业的信贷状况良好，可以一定程度上提高应收账款的质量，降低应收账款呆账、坏账的可能性，这就在一定程度上提高了应收账款证券化资产池的质量，从而提升证券发行的成功率，为证券化后的应收账款提供一个相对稳定的现金收益，进而从整体上降低整个证券化过程的风险。

农业价值链的应收账款证券化融资机制如图 4 - 1 所示。

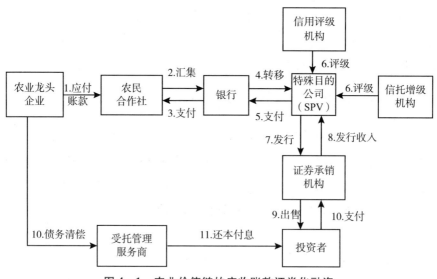

图 4 - 1　农业价值链的应收账款证券化融资

由图 4 - 1 可知，农业价值链上的农业龙头企业采取赊销方式从上下游配套农民合作社处购买农产品时，为其开具应收账款单据，农民合作社为获取流动资金、盘活存量资产，将未到期的应收账款质押给银行，银行从风险控制的角度出发，将汇集单据中达到风险等级的应收账款转移给特殊目的公司（SPV），达到"真实出售"的目的，从而实现发起人与投资者之间的破产隔离。经证券化的应收账款未必能满足投资者较高的证券信用级别要求，因此，为了改善发行条件，SPV 会委托信用评级机构和信用增级机构借助担保方式对应收账款进行信用评级和增级，从而吸引更多投资者。然后，SPV 将基于应收账款的有价证券通过证券承销机构发行，再由承销机构将证券出售给投资者，SPV 在取得发行收入后将资金支付给银行。最后，作为应收账款债务人的龙头企业委托受托管理服务商将到期归还的应收账款用于支付投资者的本息。

2. 应收账款质押融资

农业价值链的应收账款质押融资是指持有应收账款的农民合作社为了满足自身的资金需求，加速应收账款的周转率，与银行等机构签订合同，以应收账款作为担保抵押品，在规定的期限内农民合作社有权以一定额度为限来申请贷款，并承诺以应收账款的变现来偿还贷款的一种融资方式。基于农业价值链的应收账款质押融资是以整条价值链信用共享为基础，以农民合作社对农业价值链上龙头企业清偿期限尚未到期的应收账款单据凭证作为融资抵押工具，通过转让或担保等方式向银行等金融机构申请期限不超过应收账款账龄的短期贷款，为农民合作社获取充足的流动资金。简单地说，就是农业价值链上农民合作社将未到期的应收账款质押给银行等金融机构以办理资金融通的行为。

农业价值链的应收账款质押融资机制如图 4 - 2 所示。

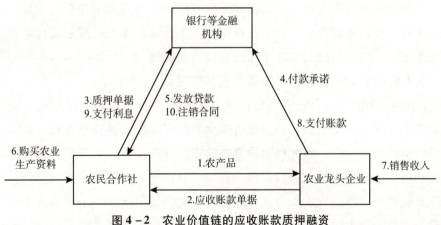

图 4 - 2　农业价值链的应收账款质押融资

由图 4 - 2 可知，农业价值链上的龙头企业采用赊购方式从农民合作社购买农产品，因资金不足无法立即支付货款，遂向对方发出应收账款单据并签订购销合同。农民合作社需要流动资金来维持正常运转，因此与龙头企业协商将应收账款作为抵押办理应收账款融资，经龙头企业同意之后，由农民合作社根据购销合同及应收账款凭证向银行等金融机构申请办理应收账款融资业务。农民合作社将农产品供应给龙头企业，并将应收账款的权益让渡给银行等金融机构来进行应收账款融资。银行告知龙头企业应收账款已被转让，并向龙头企业核实购销合同及应收账款的真实性，进一步了解龙头企业和农民合作社的信用状况，由此作为放贷依据。此时，由龙头企业对银行等金融机构做出付款承诺，并在应收账款到期日前支付货款。

3. 应收账款保理融资

应收账款保理融资又称为应收账款售让，是指在一定条件下，应收账款债权人将未到期的应收账款转让给作为保理商的银行等金融机构并获得流动资金，由保理商负责与应收账款有关的一切事宜的一种融资行为。应收账款保理融资的前提是确保未到期的应收账款能够转让。农业价值链的应收账款保理融资是指作为债权人的农民合作社将龙头企业给付的未到期的应收账款出售给银行等金融机构从而获得流动资金的融资行为。应收账款保理的类型多样，按照有无第三方担保，可将其分为有担保的保理和无担保的保理；按照有无追索权，可将其分为有追索权保理和无追索权保理；按照银行是否承担信用风险，可将其分为买断型保理和回购型保理。

农业价值链的应收账款保理融资机制如图 4 - 3 所示。

由图 4 - 3 可知，当农民合作社从龙头企业获得应收账款单据时，为了盘活资产、获得流动资金，会选择将未到期的应收账款转让给银行。由于保理的种类具有多样性，因此作为融资方的农民合作社首先要根据自身的经营状况和资信状况来选择合适的保理类型。一般情况下融资成本和风险转移的力度具有负相关性，当农民合作社对龙头企业的资信状况不了解或龙头企业经常出现赖账行为时，合作社通常会选择无追索权的保理来规避风险，银行在承担高风险的同时也会收取高额的保理费，从而增加了农民合作社的融资

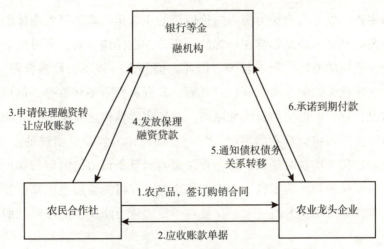

图4-3　农业价值链的应收账款保理融资

成本；相反，当农民合作社选择低成本的有追索权的保理时，自身也要承担一定风险，使得风险转移力度不明显，其他几种保理行为也与之类似，因此，农民合作社在选择应收账款保理时应综合考虑风险和融资成本。当确定好保理类型后，农民合作社和银行双方签订保理合同，将应收账款转移的同时获得贷款，银行获得应收账款的同时承担相应的风险。当银行取得应收账款时，需要通知龙头企业，告知其债权债务关系已发生转移，龙头企业有责任在应收账款到期时付款以偿还农民合作社的保理融资，当其无法按时偿还保理融资时，可以根据保理合同来确定是向农民合作社或担保方追索资本还是由银行自己来承担呆账、坏账风险。

（二）应收账款融资的风险控制机制

农业价值链的应收账款融资途径具有多样性，其主要目的都是为了尽可能地降低农民合作社和银行的风险，盘活企业资产，减少呆账、坏账的可能性，增加企业的流动资金，维持企业的正常运转。该模式能够很好地克服普通应收账款融资中的信息不对称、贷款来源不确定和交易成本居高不下等因素的影响，从而能够很好地控制银行的风险。

第一，农业价值链的应收账款融资的债权方和债务方是同一条价值链上的参与主体，以龙头企业为核心的价值链的正常运作离不开各主体的团结协作，彼此的利益一般是捆绑在一起的。当一方选择违约时，有可能会导致整条农业价值链的瘫痪，影响较大，因此，债务方一般不会轻易赖账。而且，作为直接还款来源的龙头企业，一方面，其资金实力相对雄厚、信用状况和经营状况良好，根据贸易自偿性原则，有销售货款作为直接的还款来源，因此一般不会出现拖欠贷款的情况。另一方面，作为农业价值链的参与主体，龙头企业如果无法及时还款，将会直接影响到整条价值链的运行和价值链上其他参与者的利益，为了减少损失，各企业之间可能会通过内部借款的方式来凑足贷款额以确保及时还款，这就在一定程度上降低了应收账款的信贷违约风险。

第二，基于农业价值链的应收账款融资模式中加入了第三方主体。无论是应收账款证券化、应收账款质押还是应收账款保理融资，都有第三方的参与。根据融资途径不同，应收账款债权方可以将呆账、坏账风险完全转移或部分转移到第三方，从而获得流动资金以保证企业的正常运作。上下游中小企业及农民合作社的资产有限，大量应收账款的积压有可能会直接拖垮企业使其无法扩大再生产，通过暂时或永久转让应收账款的债权来取得运作现金流资本是非常必要的。作为应收账款债务方的龙头企业一般是由信誉状况和经营状况良好的企业担任，且应收账款的偿还资本具有专款专用的特征，因此还款来源一般有保证。银行等金融机构在综合考虑融资企业和债务方的状况和自身的收益及承担风险的可能性后，一般会选择承担应收账款的全部风险、部分风险或是作为第三方中介参与其中，中小企业在可接受的范围内，通过支付一定比例的融资成本来转移部分或全部风险，盘活资本，极大地降低了自身的风险，缓解了中小企业融资难的困境。

（三）案例分析——粮食种植产品价值链融资模式

本部分以安徽省宿州市埇桥区淮河 ZB 合作社为例，对其融资模式进行案例分析。该合作社是宿州市淮河种业粮食产业联合体中的重要组成部分。通过分析 ZB 合作社的融资情况可知，该融资模式为应收账款融资中农业价值链的应收账款质押融资。

1. 农业价值链的参与主体

（1）公司。作为龙头企业的 C 公司、D 公司和 E 公司是宿州市农作物种子销售的代表性农业龙头企业，主要经营业务为小麦、玉米、大豆和水稻等各类农作物种子的销售。这三家企业作为农业价值链上的龙头企业，享有人力、财力和技术等方面的优势，以优惠的价格向合作社出售生产资料，并以高于市场的价格从合作社回购农产品。

（2）农民合作社。淮河 ZB 合作社是淮河粮食产业化联合体的重要组成部分，其上连龙头企业，下接家庭农场，起到中介纽带的作用。合作社采取"统一供应农资、统一产品认证、统一技术标准、统一指导服务、统一销售"的方式进行生产经营活动。合作社配备了大批的耕种收机械、植保机械和灌溉机械等设备，主要为下游的家庭农场提供产前、产中、产后的全过程生产服务，并为社员和周边农户提供有偿的专业化技术服务和无偿的技术培训。当农作物收割后，由合作社统一烘干再销售给龙头企业，提高了产品运作效率，合作社从中获取相应利润。

（3）家庭农场。合作社下游的家庭农场主要负责土地流转，形成规模化、集约化生产，按照合作社的标准来种植农作物。家庭农场以低于市场的价格从龙头企业获得生产资料，并从合作社获得专业化的服务，既提高了产品质量，又节约了成本，增加了收入。

（4）银行机构。农产品的经营具有较长的周期性，为了鼓励农业生产以及扩大再生产，由龙头企业做担保，合作社和家庭农场可以从银行机构获得惠农贷款。

2. 农业价值链的融资方式

农业价值链以家庭农场为基础，以 ZB 农民合作社为纽带，依靠农业龙头企业，形成"龙头企业＋种植合作社＋家庭农场"的运作模式，三者之间形成紧密的利益联结机制，通过三大经营主体的组织融合、产业融合、互助服务，从而形成经营规模优势和产业集聚效应。家庭农场通过合作社与龙头企业签订长期协作关系，由龙头企业为其提供价格低廉的优质种粮，由合作社为其提供生产技术服务，待农作物收割后统一由合作社进行烘干并销售给龙头企业。

ZB 合作社受龙头企业的委托收购农产品，因此合作社先以自有资金从家庭农场收购农产品，然后再销售给龙头企业，但是由于粮食作物成熟期比较集中，龙头企业因短期周转资金不足，采取赊购的方式从合作社购进粮食，双方签订购销合同并开具应收账款凭证。ZB 合作社的持续经营需要资金维持，因此，将应收账款质押给银行从而获得融资，并由龙头企业承担直接付款承诺并在应收账款到期前支付账款。

3. 农业价值链的风险控制机制

（1）农业价值链以家庭农场为基础，以农民合作社为纽带，依托龙头企业进行经营，其规模较大、影响广泛，在利益联结下各经济主体之间相互帮助、相互监督，降低了违约的可能性。

（2）ZB 合作社通过应收账款融资，将融资风险转移给龙头企业，有龙头企业和价值链为担保，应收账款单据依据真实的购销合同，能够确保资金的用途以及保障还款来源。

（3）C、D、E 三家企业是宿州市有名的农业龙头企业，资信状况良好，一旦违约将直接影响企业信誉，企业赖账成本较高，因此不会轻易赖账，降低了银行应收账款呆账、坏账损失，保障了贷款收回的可能性。

二、预付账款融资模式

预付账款是指买卖双方协定，由购买方预先支付一部分货款给供应商，然后短期内，供应商以某种商品或劳务来偿还，买方为债权方。预付账款融资又被称为保兑仓融资模式，是指购货方通过借助银行等第三方金融机构向供货方提供货款以取得短期资金融通的行为，它在一定程度上解决了融资企业因资金不足而难以全额购货的困境，从而极大地保障了企业的正常运转。

（一）预付账款融资的运行机制

农业价值链的预付账款融资是指在商品采购阶段，龙头企业（供应商）从自身利益出发，给购买方农民合作社预留的期限较短，往往要求其尽快支付货款甚至是提前支付一部分货款，农民合作社为了获得生产经营所需生产资料，只能被迫接受，这就形成了一个资金缺口。为了填补该缺口，农民合作社以购销合同为依据向银行等金融机构申请预付账款融资，银行先对龙头企业进行审查，审查通过后双方签订回购协议，并由银行指定第三方仓储管理方负责监管货物，农民合作社委托银行开具银行承兑汇票，仓储管理方负责监管货物并为该汇票提供承兑担保，从而形成了农民合作社的预付账款融资。

农业价值链的预付账款融资不仅改善了农民合作社因资金不足而无法全额购货的困境，也带动了其他参与主体的发展。对于农业龙头企业来说，可以顺利售出货物并取得货款；对于第三方仓储管理方来说，作为货物监管方和担保方，可以获得相应的中间费用；对于银行来说，一方面以承兑汇票的方式向农民合作社提供贷款可以扩大客户资源，增加银行的放贷额，另一方面由多方承担连带责任且有物权担保，极大地降低了银行的信贷风险。

农业价值链的预付账款融资机制如图 4-4 所示。

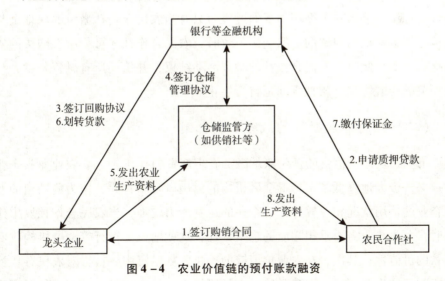

图 4-4 农业价值链的预付账款融资

由图 4 - 4 可知，预付账款融资模式运行机理如下：

（1）作为购买方的农民合作社与作为供货方的农业龙头企业之间签订购销合同，二者通过协商指定由农民合作社向银行等金融机构申请贷款。

（2）农民合作社以购销合同和生产资料为抵押，向银行等金融机构申请贷款，委托银行预先支付相应购货款。

（3）银行等金融机构收到农民合作社的申请后，对作为供销商的龙头企业进行审查，对其资质、信用状况、财务状况和经营情况等方面进行评估，审核通过即同意农民合作社的融资贷款申请，并与龙头企业签订回购和质量保证协议，审核不通过则直接驳回农民合作社的融资申请。

（4）银行等金融机构与农民合作社委托的担保方即仓储监管方签订仓储监管协议，约定由仓储监管方负责对货物进行监督管理。

（5）龙头企业将原材料、农产品等货物发至银行等金融机构指定的仓储监管方的仓库，并将仓储监管方开具的仓单交予银行等金融机构。

（6）银行等金融机构收到监管方开具的仓单后，将货款拨付给龙头企业。

（7）农民合作社向银行缴付一定比例的保证金，银行等金融机构根据保证金数额为农民合作社提供相应的货物提款权。

（8）农民合作社取得货物提款权后，去指定仓储监管方的仓库提取相应的货物。该环节为一个循环往复的过程，只有当农民合作社缴付的保证金与向银行等金融机构申请的汇票金额一致时，农民合作社才可将所有购买的货物提取完毕。此时，农民合作社的融资活动结束，并偿还所有融资贷款，与之相关的回购协议、质押合同也自行终止。

（二）预付账款融资的风险控制机制

第一，农业价值链的预付账款融资有生产资料作抵押，有农业龙头企业作担保，极大地降低了银行等金融机构的信用风险。首先，作为购销商的龙头企业的信用状况相对较好，且企业的运营能力较强，当农民合作社发生违约时，龙头企业需要承担相应的连带责任，这就增大了银行等金融机构收回贷款的可能性；其次，在农业价值链的预付账款融资中，银行对农民合作社融资购买的生产资料、农产品等享有处置权，一旦合作社违约，银行既可将产品回售给龙头企业也可外售给其他企业，将存货变现；最后，作为融资方的农民合作社不是融资成功时即可获得农业生产资料等货物，而是按照其缴付的保证金比例来获得相应的货物，只有缴足所有保证金时方可获得所有货物。当农民合作社发生违约时，由于银行等金融机构与供销商事先签订了回购协议，其损失仍可得到补偿。

第二，基于农业价值链的预付账款融资资金专款专用，保障资金安全的同时有助于提高货物的质量。一方面，农民合作社从银行等金融机构申请的预付账款融资资金是用于偿还购买生产材料的货款（如养鸭企业正常运营所需的鸭苗、饲料等原料），贷款的还款来源是其生产农产品的销售款，因此专款专用在一定程度上提高了银行贷款的可收回性。另一方面，龙头企业首先将货物发送到仓储监管方，农民合作社在缴付保证金后才能收到货物。如果货物的质量较差，农民合作社可能会选择拒绝支付剩余的保证金，这就会给价值链上其他参与主体造成极大的损失，银行等金融机构此后也会拒绝再为该企业提供贷款，将影响整条价值链的正常运作，因此损失相当惨重。为了杜绝此类现象的发生，从整条价值链的经济利益出发，供应商会尽可能提高货物质量。

（三）案例分析——生猪养殖产品价值链融资模式

本部分以山东 FT 养殖专业合作社为例，对农业价值链的预付账款融资进行案例分析。

1. 农业价值链的参与主体

（1）F 公司。

F 公司作为价值链上的农业龙头企业，其主要经营业务是生猪屠宰、冷鲜肉生产加工和最终农产品的市场销售。其与 FT 养殖专业合作社双方签订购销合同，约定由 F 公司为 FT 合作社提供种猪和饲料，合作社负责场地、设备建设和生猪养殖等。

（2）FT 养殖专业合作社。

FT 养殖专业合作社成立于 2012 年，其主要职责是组织和指导社员进行生猪养殖。FT 合作社以低于市场的价格统一为社员购买仔猪、饲料等生产资料，并提供技术支持。当仔猪长大出栏时，合作社负责联系市场以高于市场的价格统一为社员销售成品猪。FT 养殖专业合作社自成立以来不断发展壮大，目前合作社自身年产生猪规模高达 2000 多头，合作社内部社员养殖生猪的比例也在上升，合作社和社员一起养殖的生猪年总产量可达 150000 头左右，在带动社员致富的同时也提高了自身经济效益。

（3）农村商业银行。

农村商业银行在 FT 合作社向龙头企业支付一定货款的基础上，为合作社提供授信服务，并规定以合同项下的生猪的销售收入作为第一笔还款来源，由合作社直接将货款打到银行指定账户，首先用于偿还银行的贷款。

（4）仓储监管公司。

仓储监管公司主要承担仓储监管方的职责，当合作社以预付账款为抵押向银行申请贷款时，由仓储监管公司暂时保管 F 公司卖给合作社的生产资料。仓储监管公司主要通过监管业务获取仓储保管费。由于种猪为活物，存放在监管公司多有不便，因此，本融资模式中由 F 公司承担仓储监管方的职责。

2. 农业价值链的融资方式

FT 养殖合作社在出现资金缺口时，向农村商业银行申请预付账款融资，银行首先对 FT 合作社、F 公司及农业价值链的管理运营水平进行考察，并对双方签订的购销合同的真伪进行审查。待审核结果无误后，银行凭借 F 公司雄厚的实力和良好的信用，根据 FT 合作社与 F 公司签订的购销合同，与 FT 合作社签订融资授信协议，并向其提供预付账款融资服务，将购买种猪、饲料等的货款直接付给 F 公司。一般商品猪的成长期为 3 个月左右，FT 合作社在销售商品猪后直接将销售款归还银行贷款，银行再根据 FT 合作社后续补充保证金的额度来通知 F 公司发放相应生产资料。若到期时合作社没有按时补足保证金，银行直接要求 F 公司将未出售的生产资料全额回购，如果不回购，银行则直接将货物售予他人。

3. 农业价值链的风险控制机制分析

（1）降低了银行信贷风险。一方面，有 F 公司做担保，有合同为依据，一旦合作社违约，F 公司需要承担连带责任，这极大地降低了银行的信贷风险；另一方面，有物权为保证，一旦合作社违约，银行可以直接卖掉猪仔、饲料等生产资料，也可以要求 F 公司回购生产资料，将银行的风险降到了最低。

（2）降低了回购违约风险。由于 F 公司直接承担仓储监管的职责，当合作社无法按时偿还贷款时，F 公司会优先回购生产资料，因为是公司产品且由自己监管，质量方面有保障。

但市场需求决定合作社最终的获利情况，农产品市场存在信息滞后的困境，购销合同一般为一年签订一次且中间不可更改，一旦生猪价格发生变化将直接影响合作社的收益，这就在一定程度上增加了合作社的市场风险。

三、存货质押融资模式

存货质押融资打破传统的不动产抵押融资，是以农业价值链上下游企业之间真实交易为基础，向银行等金融机构申请动产质押融资，其中用于质押的担保物主要包括采购阶段的生产资料如肥料、机械设备等，生产阶段的种苗、销售阶段的农产品等。

农业价值链的存货质押融资是指通过综合物流、信息流和资金流将农业价值链上下游各企业联系起来，然后农民合作社以存货为质押向银行等金融机构申请质押融资，并承诺以农产品的销售收入作为第一还款来源的融资行为。农户和农民合作社的融资困境有很大一部分原因是缺乏不动产，因此很难从银行等金融机构获取贷款，存货质押融资以存货为质押品，由农业龙头企业作担保，很好地解决了农民合作社融资难的困境。本书根据操作流程的区别，将农业价值链的存货质押融资进一步划分为存货质押授信、统一授信和仓单质押授信三种融资模式。

（一）存货质押授信模式

1. 存货质押授信模式的运行机制

农业价值链的存货质押授信融资是指农民合作社以自有生产资料存货作为质押授信产品向银行申请授信融资的行为。该模式对农民合作社的限制相对宽松，它既可以选择以货易货的方式，也可以选择以款易货的方式，且在授信期间内赎回存货时不用多次追加保证金，满足了农民合作社的生产需求。与农业价值链的预付账款融资类似，银行等金融机构为了降低自身风险，一般会委托专门的监管机构，通常由农业龙头企业对农民合作社提供的存货质押商品进行监督管理，只有当银行等金融机构收到还款时，合作社才可从农业龙头企业赎回相应比例的存货。

农业价值链的存货质押授信融资机制如图 4-5 所示。

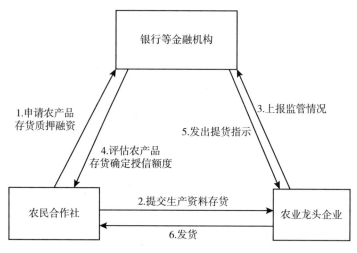

图 4-5 存货质押授信融资模式

由图 4-5 可知，农业价值链的存货质押授信融资机制如下：

（1）农民合作社首先向银行等金融机构申请存货质押授信融资，在银行审核通过后，农民合作社、银行和农业龙头企业三方签订融资合同，然后农民合作社将自有存货发到农业龙头企业指定的仓库，由农业龙头企业负责监管。

（2）银行对存货的种类、权属情况、市场价值和变现能力等方面进行评估，按照存货的种类给定相应的质押率，然后根据质押率给农民合作社相应的敞口授信额度。

（3）农业龙头企业对存货的最低限额进行审核，对于不足部分，应告知银行，要求农民合作社向银行缴付相应的保证金；对于超出部分，合作社可以自由支配。

（4）当农民合作社需要赎回一定量的存货时，由银行开具提货单，并通知农业龙头企业发出相应比例的存货。

（5）农业龙头企业监管人员收到融资企业的提货单，向银行确认后，按指示发货。

2. 存货质押授信模式的风险控制机制

（1）农业龙头企业作为融资担保方，增加了银行贷款收回的可能性。农业价值链的存货授信融资是基于整条农业价值链来进行的融资行为，龙头企业作为价值链的核心，是农民合作社坚实的后盾，当农民合作社发生违约行为时，银行有权要求作为担保方的龙头企业偿还贷款，增加了银行收回贷款的可能性。

（2）存货有最低限额，使得银行风险可控。农业价值链的存货授信融资是以存货为抵押，且存货必须达到最低限额，一旦农民合作社发生违约行为，银行可以将其缴纳的最低限额的存货变卖弥补损失，使得银行的损失额度可控。

（3）专款专用，保障还款来源。农业龙头企业与农民合作社作为农业价值链的参与主体，上下游间经常有贸易往来，信息完全且存货一般存放于农业龙头企业，能够及时跟踪掌握农民合作社的财务状况和清偿能力，确保存货抵押品的完整性，并督促合作社按照合同约定用途使用贷款资金，专款专用，保障资金的还款来源，降低了银行的信贷风险。

（二）统一授信模式

农业价值链的统一授信模式是指银行综合考虑农业龙头企业的资信状况、发展前景和提供的质押担保情况等因素，确定一个最高授信额度，并根据风险程度获得相应的风险担保，然后公司根据农民合作社的实际状况以赊销的方式解决农民合作社的融资难题。农民合作社以赊购的方式从上游公司获得生产资料，然后以销售货款为还款来源。统一授信的存货质押融资模式不同于以往的融资模式，在该模式中，银行不直接参与农民合作社融资的具体业务流程，而是由龙头企业全权负责，银行只对龙头企业授信。

在农业价值链的统一授信融资模式中，价值链上各参与主体之间联系密切，可以在一定程度上减少信息不对称因素的影响，有利于降低银行的信贷风险。一方面，由公司直接与融资企业开展借贷业务，省去一些繁琐的中间程序，提高了贷款效率、降低了贷款成本；另一方面，公司同时担任放贷方和监管方，从自身利益和风险因素考虑，也会加强监管力度，优化业务流程，尽可能地降低操作风险。

1. 统一授信模式的运作机制

农业价值链的统一授信模式如图 4-6 所示。

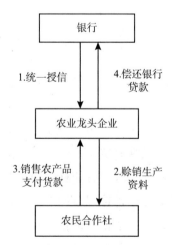

图 4-6 农业价值链的统一授信融资

由图4-6可知，农业价值链的统一授信融资模式的运作机制如下：

（1）银行根据农业龙头企业的实际状况和提供的担保物资，确定一个最高授信额度，然后由企业结合自身情况，开展相应的存货质押业务。

（2）农民合作社与农业龙头企业签订购销合同，以赊销方式购买农产品的生产资料。

（3）待农产品成熟后，农民合作社将农产品销售给农业龙头企业，并取得货款。

（4）企业收到货款后，将本息偿还给银行。

2. 统一授信模式的风险控制机制

（1）企业首先向银行提供存货作为风险担保，然后再从银行获得授信额度，极大地降低了银行的风险。首先，银行在向企业授信时会综合考虑其财务状况、经营状况和信誉状况等因素，做好事前审查，根据企业实际能力确定授信额度，从源头降低不良贷款发生的可能性；其次，银行会根据其风险程度获得相应的存货担保，一旦企业违约，将得到相应补偿，降低银行的损失。

（2）农业龙头企业以赊销方式为农民合作社提供生产资料，合作社以农产品的销售款为还款来源，并有龙头企业作担保，保障还款来源的可靠性，降低了银行的坏账风险。而且银行对质押存货享有处置权，一旦一方违约，可直接将存货售出，从而将银行损失降至最低。

（三）仓单质押融资模式

仓单是指由存货保管人所签发的用以证明存储合同存在且存货已被仓库接收保管的一种单据。农业价值链的仓单质押融资是建立在仓单标的物基础上的一种质权，其核心是农民合作社以自身持有的仓单抵押给银行等金融机构从而获得资金的一种融资方式。融资企业的还款来源于农产品的销售收入，当农民合作社违约时，资金供应方有权对存货保管人保管的农产品进行处理。

1. 仓单质押融资模式的融资机制

农业价值链的仓单质押融资机制如图 4－7 所示。

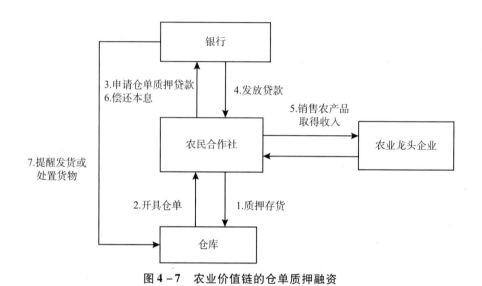

图 4－7　农业价值链的仓单质押融资

由图 4－7 可知，农业价值链的仓单质押融资机制的过程如下：

（1）农民合作社将自有生产资料存货发至指定仓库。

（2）仓库为农民合作社开具仓单证明。

（3）农民合作社将仓单质押给银行等金融机构，申请相关的仓单质押融资。

（4）银行在收到仓单时，为农民合作社发放核定贷款。

（5）农民合作社以销售农产品的收入作为第一还款来源。

（6）农民合作社将贷款本息偿还给银行。

（7）银行通知仓库发放相应的存货给农民合作社；若农民合作社无法按期偿还贷款资金，银行有权处置质押农产品存货。

2. 仓单质押融资模式的风险控制机制

（1）以仓单为质押，降低了银行的信贷风险。仓单质押模式与其他几种存货质押融资模式类似，都是以农民合作社拥有的生产资料存货为质押来获得相应的融资。其独特之处是，农民合作社首先将存货质押给指定仓库，由仓库开具仓单，然后农民合作社凭借仓单进行贷款融资，减少了银行的评估手续，提高了农民合作社贷款的可得性。

（2）专款专用，保障还款来源。农民合作社融资的目的是为了生产农产品，并用销售农产品的收入来偿还贷款，专款专用，保障了还款来源的可靠性。而且银行享有农产品处置权，在农民合作社违约时可以得到一部分补偿。银行放贷的主要目的是为了获得利息收益，因此，在放贷的过程中将自身的风险控制在合理范围内，即使农民合作社违约，造成的损失也可控。

（四）山东 X 大蒜产业价值链融资案例分析

1. 山东 X 大蒜产业价值链简介

大蒜产业价值链包括大蒜和蒜薹的生产、存储、加工、管理和销售的各个环节，以大蒜合作社为依托，上游包括化肥厂、种子厂以及 G 科技公司等多个龙头企业，下游包括大蒜种植示范基地、物流公司、其他配套中小企业和种植农户等，通过上下游企业之间的通力合作，为农户提供由存储到加工、管理，最后到销售的一种链条式服务。其中，山东 X 大蒜专业合作社成立于 2015 年，其注册资本为 450 万元，目前入社社员多达 422 人，化肥厂负责肥料供应，G 科技公司负责栽苗、施肥量等方面的技术指导，分销商负责联系市场，按时按量将大蒜和蒜薹销往各地。大蒜专业合作社的种植分为两季，一季大蒜一季蒜薹，大蒜的年种植量超过 467 公顷，每公顷收入为 15 万元左右，蒜薹种植超过 200 公顷，每公顷收入高达 18 万元，在农忙时可以雇佣其他农户帮忙栽苗、拔蒜，在农闲时农户还可外出打工，每年至少可给每家农户带来 3 万～4 万元的收入。

2. 山东 X 大蒜价值链融资的运行机制

蒜苗、蒜薹的生产需要大量的资金投入，尤其是购买生产资料需要耗费大量资金，大蒜合作社自有资金不足以支付货款。由图 4-8 可知，X 大蒜专业合作社为了从银行获得仓单融资，首先将一部分存货质押给银行指定的仓库，由仓库为其开具仓单证明，然后向银行申请贷款以支付向 G 科技公司购买生产资料的货款，然后用销货款偿还银行本息，再由银行通知仓库归还质押的存货。目前，山东省出台了相关的惠农政策，当合作社的借款额度达到 100 万元以后，政府可以为其提供担保，这就在一定程度缓解了农民合作社向银行贷款难度大的困境。

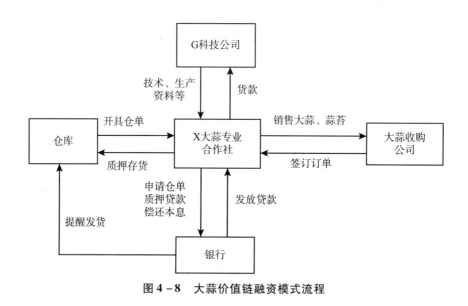

图 4-8　大蒜价值链融资模式流程

3. 山东 X 大蒜价值链融资的风险控制机制

（1）仓单质押融资降低了银行的信贷风险。X 大蒜专业合作社将自有存货质押给银行，有存货作质押担保，降低了银行的放贷风险，一旦合作社违约，银行有权处置该批存货，这在一定程度上弥补了银行的损失。

（2）订单销货，保障还款来源。X 大蒜专业合作社事先与大蒜收购公司签订合约，并按其订单量来生产大蒜和蒜薹，待农产品成熟后直接销售给大蒜收购公司。合作社的销货渠道相对稳定，确保合作社可以及时收回货款并偿还给银行。在一定程度上降低了合作社违约的风险，增加了银行贷款收回的可能性。

第二节 基于农业价值链的银行信贷融资模式的利益分配

基于农业价值链的银行信贷融资行为是从整条价值链的融资需求出发，以价值链上的龙头企业为核心，将各参与主体的利益捆绑在一起，而不单是属于某个企业的融资行为，价值链上的每个环节、每个参与主体都担负着价值创造和价值增值的职责，融资企业获得的流动资金贯穿于价值链上农产品的采购、生产和销售的各个环节，只有上下游各参与主体通力合作，才能保证农业价值链的可持续性运转。

信贷融资活动不是一时行为，农业价值链也不是短期运作的经营模式，要想保持农业价值链的可持续性和稳健发展，就要处理好价值链上各参与主体的利益分配问题，因此需要调整收益分配机制以实现价值链的增值收益在各参与主体之间的合理配置，从而调动价值链上各参与主体的生产积极性。本节通过对比分析基于传统农业信贷融资模式和农业价值链的信贷融资模式中各经济主体的利益分配情况，从而判断哪种融资方式更符合现代农业发展需求。

一、基于传统农业信贷融资经济主体的利益分配

传统农业信贷融资模式通常是指融资企业（包括农民合作社）从银行获取贷款融资的行为。农民合作社和农户由于自身规模小、缺乏抵押物和信用状况不佳等原因，使得其他企业不愿为其提供担保，因此很难从银行获取贷款。本节假设传统信贷融资模式中只有农民合作社和银行两个参与主体，在信贷活动中，双方从自身利益出发，可以有不同的选择。首先，根据农民合作社的资信状况，银行可以选择"贷款"或"不贷款"；其次，当银行选择"贷款"时，又会出现两种不同的情况，即农民合作社会选择"还款"或"赖账"，当然，银行也可以选择"不放贷"。不同的选择，会给银行和农民

合作社之间带来不同的损益状况。因此，我们可以将银行和农民合作社之间的这种信贷关系看成一种博弈行为。

根据参与主体之间相互的了解程度可以将博弈模型划分为完全信息博弈和不完全信息博弈两种形式，鉴于传统融资模式中银行和农民合作社之间存在信息不对称因素，因此将两者之间的博弈模型设定为不完全信息博弈模型。根据各参与主体行动的先后顺序，可进一步将博弈模型划分为不完全信息静态博弈和不完全信息动态博弈两种模型。

（一）不完全信息静态模型

1. 模型假设

（1）理性人假设。银行和农民合作社两者均为理性人，双方均以自身利益最大化为出发点。

（2）银行和农民合作社两者之间存在信息不对称问题，且银行处于弱势地位，而农民合作社则处于信息优势地位。

（3）根据农民合作社的资信状况，可将其细分为信用状况良好的合作社和信用状况不佳的合作社，其中前者一般会选择按时还款，其概率为 p；后者会选择赖账不还，其概率为 $1-p$。

2. 模型建立和分析

当银行从控制风险的角度出发，选择"不放贷"时，会将资金投资于风险水平较低的稳健产品，此时获得的收益为 R；当银行选择放贷时，放贷总额为 M，放贷利率为 r，放贷成本为 $C_{银}$此时，银行收益为 $M \times r - C_{银}$，且有 $M \times r - C_{银} > R$。信用状况良好的合作社利用贷款资金获得的收益为 E_1，贷款成本为 c_1，信用状况不佳的合作社利用贷款资金获得的收益为 E_2，贷款成本为 c_2，且有 $E_1 - c_1 > E_2 - c_2$。因此，根据上述静态博弈模型假设可以得出银行和农民合作社之间的收益分配情况如表 4-1 所示。

表 4 - 1   信用状况良好的农民合作社和银行的收益分配情况

		银行	
		放贷	不放贷
农民合作社	申请贷款	$(M \times r - C_{银},\ E_1 - c_1)$	$(R,\ -c_1)$
	不申请贷款	$(-C_{银},\ 0)$	$(R,\ 0)$

表 4 - 2   信用状况不佳的农民合作社和银行的收益分配情况

		银行	
		放贷	不放贷
农民合作社	申请贷款	$(-M \times r - M - C_{银},\ E_2 - c_2)$	$(R,\ -c_2)$
	不申请贷款	$(-C_{银},\ 0)$	$(R,\ 0)$

由表 4 - 1 可知，银行和信用状况良好的农民合作社二者的静态博弈均衡点为 $(M \times r - C_{银},\ E_1 - c_1)$，此时，银行和合作社均获利；由表 4 - 2 可知，银行和信用状况不佳的合作社二者的均衡点为 $(-M \times r - M - C_{银},\ E_2 - c_2)$，此时银行处于劣势地位，收益为负，而当银行选择拒绝放贷时却可获得收益 R。由于银行处于信息不对称的劣势地位，无法事先判断贷款农民合作社资信状况的优劣，因此，当且仅当银行的放贷收益不低于不放贷的收益时才会选择放贷，即：

$$p \times (M \times r - C_{银}) + (1 - p) \times (-M \times r - M - C_{银}) \geqslant R$$

一般情况下农民合作社贷款数额较零散，银行贷前评估和贷后监管成本较高，且存在较高的信贷风险，因此，在传统融资模式的静态博弈模型中，银行从风险控制的角度考虑会偏向于选择拒绝放贷或提高贷款门槛，使得农民合作社的借款成本增加，进一步恶化了合作社融资难的困境。

（二）不完全信息动态模型

正常情况下，银行与农民合作社之间的信贷行为不是一次性的，而是一个动态的、多次的借贷行为。因此，银行和农民合作社之间的选择和行动就会出现先后之分，其中，后行动的一方可以看到先行动者的选择和所采取的策略，从而根据自身利益最大化原则选择最优的策略来应对，这就形成一种动态的博弈。

1. 模型假设

（1）理性人假设，即银行和农民合作社二者均为理性人，双方均以自身利益最大化为行动目标。

（2）存在信息不对称问题，且农民合作社比银行掌握更多的信息，处于信息优势地位。

（3）银行和农民合作社之间为动态博弈，行动分先后顺序，其中一方先行动，后者可根据前者行为采取相应措施。

（4）农民合作社缺乏抵押物和担保方，为传统形式的信贷融资模式。

（5）存在惩罚机制，当农民合作社选择"守信"或"赖账"时，银行可以相应的采取"不惩罚"或"惩罚"措施。

2. 模型建立和分析

当银行选择为农民合作社提供贷款时，假设银行的放贷总额为 M，放贷利率为 r，放贷成本为 $C_银$；当农民合作社向银行申请并获得贷款时，贷款成本为 $C_农$，利用贷款获得的经营利润为 E；当银行选择"不放贷"时，双方收益均为 0。银行有"放贷"或"不放贷"的选择，农民合作社有"还款"和"赖账"的选择，当农民合作社选择"赖账"时，银行可选择"惩罚"或"不惩罚"，当选择"惩罚"时，罚金为 A。则根据上述银行和农民合作社采取的不同行为选择，可得到相应的动态博弈结果如图 4-9 所示。

由图 4-9 可知，银行面对农民合作社有"放贷"或"不放贷"的选择，当选择"不放贷"时，双方对应的动态博弈均衡为（0，0），此时双方均无利可图；当银行选择"放贷"时，由于信息不对称因素，无法确定农民合作社是"还款"还是"赖账"，当农民合作社能够按时还款时，此时双方的动态博弈均衡为（$M \times r - C_银$，$E - C_农$），只有信贷成本低于收益时，双方才会选择借贷，即 $E - C_农 > 0$，$M \times r - C_银 > 0$，此时银行和农民合作社均获利，是二者的最优选择；当农民合作社选择"赖账"时，若银行选择"惩罚"

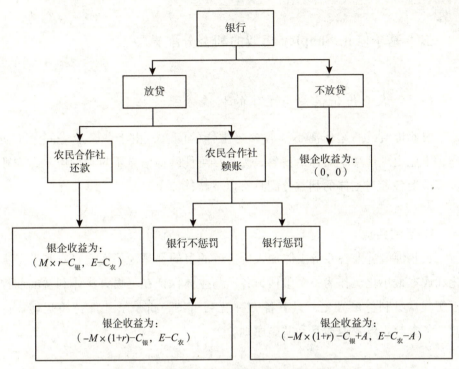

图 4 - 9　银行和农民合作社信贷的动态博弈流程

合作社，则双方达到的均衡为（$-M\times(1+r)-C_银+A$，$E-C_农-A$），此时双方均有一定损失，银行可以得到一定补偿；当银行选择"不惩罚"时，双方的动态博弈均衡为（$-M\times(1+r)-C_银$，$E-C_农$），此时合作社有利，银行损失惨重。我国对农民合作社缺乏贷款抵押和担保的法律机制还不完善，即使银行对合作社采取惩罚机制，也需要花费较高的成本，且取得的成效甚微。因此，通过对图 4 - 9 的归纳总结可以得出银行和农民合作社双方最佳的动态博弈均衡为（不放贷，不惩罚，赖账），即从理性人假设和信息不对称的角度出发，银行会选择"不放贷"来降低自身损失，农民合作社则倾向于选择"银行不惩罚、赖账"来实现自身利益最大化。这就在一定程度上加深了银行和农民合作社之间的矛盾，使得农民合作社融资难度进一步加大。

二、基于修正 Shapley 模型的利益分配模型

（一）农业价值链参与主体的利益分配特征

农业价值链的运作离不开各参与主体的配合，由于各企业之间分工协作，不免出现信息不对称的现象，为了尽可能降低信息不对称的影响，农业价值链上各参与主体的利益分配具有以下特征：

1. 互利共赢

农业价值链上各经济主体加入价值链的目的都是为了实现自身利益最大化和成本最小化。作为一个整体，各参与主体保证在不损害集体利益的前提下实现自身利益最大化，只有各方都有利可图，价值链才能持续运转。因此，各参与主体要遵循互利共赢原则。

2. 按贡献分配

上下游企业在农业价值链上所处的阶段不同，其对农产品价值增值的贡献效益也不同，因此各企业在分配利益时需综合考虑投入产出状况，按贡献分配，做到公平、公正的同时还能激励企业生产的积极性，为价值链带来更多收益。

3. 整体结构最优

农业价值链的参与主体较多，运作相对复杂，因此要综合考虑价值链运作的投入、产出和风险因素，优化结构，尽可能降低损失、增产增收，从而带动各参与主体的积极性。

（二）Shapley 值法模型的局限性

通过深入研究可知，Shapley 值法模型虽然是按贡献率进行分配，但也存在一定的局限性。

第一，没有充分考虑各参与企业在农业价值链运作过程中承担风险的大小。首先，各参与主体在农业价值链中所处的经营阶段和地位均存在差异，因此处于不同阶段的各企业承担风险的能力也是不同的。其次，在不同的农业价值链融资模式中的主要风险承担主体也存在一定差异。一般情况下，承担高风险的企业，应该获得额外的风险报酬，这样才能维持农业价值链的稳健运行。但是 Shapley 模型是基于风险中性考虑，而没有为具体的风险承担主体匹配相应的报酬，因此当融资企业发生信贷违约时，降低了其他企业主动承担风险的积极性。

第二，没有充分考虑上下游各企业对农产品价值增值所做的贡献。农业价值链运作的过程，就是农产品价值增值的过程。农业价值链上农产品的价值实现包括供、产、销三个主要阶段，而且农产品在各个环节被创造的增值率是不同的。Shapley 模型简单地以贡献率为评判标准，而没有充分考虑产品增值率的高低，功酬不相匹配，就会在一定程度上打击高增值率企业的生产积极性，不利于农业价值链的持续、稳健发展。

第三，一些企业可能会存在"搭便车"或偷懒行为。农业价值链的正常运作离不开上下游各参与主体的通力合作，加入价值链后各企业的收益要高于独立经营，这可能会给一些企业提供"钻空子"的机会，出现"搭便车"或偷懒行为，降低了企业生产积极性，不利于价值链的可持续发展。

为了消除上述一系列局限性的影响，确保营业利益在上下游各企业之间公平、合理的分配，本书决定采用修正的 Shapley 模型对上下游各参与企业的利益分配情况进行深层次的探析。

（三）修正的 Shapely 模型

Shapley 模型的改进需要将影响大的因素考虑在内，本研究对风险因素、产品增值率、企业的努力程度以及各企业的投资额四个方面进行改进，从而确保修正后的 Shapley 模型能够更加真实、合理、公平地反映农业价值链上各参与主体的利益分配问题。

1. 基础模型构建

本研究用 Shapley 值表示集合中各参与主体所得的收益分配值，并记为：

$$\Phi(v) = (\varphi_1(v), \varphi_2(v), \cdots\cdots, \varphi_n(v)) \qquad (4-1)$$

其中 $\phi_i(v)$ 表示在集合 I 中第 i 成员所得的收益分配, 可由下式求得:

$$\phi_i(v) = \sum_{s \in S_i} w(|s|[v(s) - v(s \setminus i)])_{i=1,2,\cdots,n} \qquad (4-2)$$

$$w(|s|) = \frac{(|s|-1)!\ (n-|s|)!}{n!} \qquad (4-3)$$

$$\Phi(v) = \phi_1(v) + \phi_2(v) + \phi_3(v) + \cdots + \phi_n(v) = v(1 \cup 2 \cup 3 \cup \cdots \cup n) \qquad (4-4)$$

其中: S_i 表示集合模型 I 中包含成员 i 的所有子集合; $|s|$ 表示子集合 S 中包含的元素个数; n 表示集合 I 中包含的元素个数; $W(|S|)$ 表示成员 i 的权重系数; $v(s \setminus i)$ 表示从子集合 S 中去掉成员 i 后可获得的收益; $\phi_i(v)$ 代表成员 i 所获得的收益分配; $\Phi(v)$ 表示集合 I 中各成员所得收益分配的总额; $v(s)$ 代表子集合 S 的收益; $v(s) - v(s \setminus i)$ 表示子集合 S 中成员 i 的边际贡献情况。由以上公式可知, Shapley 模型各参与主体的成本都是 $1/n$。

2. 因子修正

（1）加入风险因子的修正。

农产品的生产对自然条件的依赖性比较强, 其生产周期较长, 且对市场供求的预测具有一定的滞后性, 因此一旦某个环节出现问题将直接给农业价值链上其他企业的生产经营带来极大的风险。价值链上融资企业的信贷融资行为也需要承担一定的信贷融资风险。因此, 在对 Shapley 模型进行修正时要充分考虑风险因素, 根据企业承担风险大小, 分配相应的风险收益。在 Shapley 模型中, 默认风险中性, 即农业价值链上各参与企业的风险为 $1/n$, 用 r_i 表示每个企业实际承担的风险, 用 Δr_i 表示实际承担风险与风险均值的差值, 则 $\Delta r_i = r_i - 1/n$, 其中 $\sum_{i=1}^{n} r_i = 1$, $\sum_{i=1}^{n} \Delta r_i = 0$, 则当 $\Delta r_i \geqslant 0$ 时, 表明企业 i 实际承担的风险要比风险均值高, 因此应得到相应的收益报酬也高, 用 $\phi_{风 i}(v)$ 表示加入风险因素后各企业实际得到的利益分配, 则结果如式（4-5）所示。

$$\phi_{风 i}(v) = \phi_i(v) + \Phi(v) \times \Delta r_i = \phi_i(v) + \Phi(v) \times \left(r_i - \frac{1}{n}\right) \qquad (4-5)$$

（2）加入企业创新增值的修正。

从生产资料的采购到农产品的生产、加工、销售的过程，就是农产品价值增值的过程。受技术水平不高、创新能力欠缺等因素的影响，我国农产品长期处于低附加值的发展状态，但是农业价值链的形成极大地改善了这一弊端。基于农业价值链的农产品生产需要各企业的有效配合，利用先进的技术水平，将生产、加工与销售各个环节的企业联合到一起，形成一条完整的价值链，利用价值链上高质量的原材料和新产品的开发等优势，极大地提升了产品竞争力。

在初始的 Shapley 模型中，是按最基本的贡献来分配收益，没有充分考虑各企业在农产品价值增值率方面的付出。有些企业引入先进技术，从而提高了产品质量、降低了企业生产成本；有些企业对产品进行创新，以满足不同消费者的需求、增加农产品的附加值，有助于增强农业价值链产品的市场竞争力；当然，也有一些企业只是进行简单的生产，未作改进。因此，为了鼓励价值链上各企业的积极创新、探索新思路，就需要综合考虑各企业在农产品价值增值过程中所做的贡献及其占比，以此为依据进行利益分配。

将总的创新增值看成 D，则各企业所产生的增值为 D_i，用 d_i 表示各企业的增值比重，即 $d_i = \dfrac{D_i}{D}$，其中 $\sum\limits_{i=1}^{n} d_i = 1$，$\sum\limits_{i=1}^{n} D_i = D$，其中 $1/n$ 表示平均创新增值率，$\Delta d_i = d_i - 1/n$ 表示各企业实际增值与平均增值的差值，则加入创新增值因素后各企业获得实际利益分配结果如式（4-6）所示。

$$\phi_{增i}(v) = \phi_i(v) + \Phi(v) \times \Delta d_i = \phi_i(v) + \Phi(v) \times \left(d_i - \frac{1}{n} \right) \quad (4-6)$$

（3）加入企业努力水平因素。

农业价值链上的发展运作离不开各企业的共同合作和努力，但是在大多数的集体合作中都不免存在"搭便车"或偷懒的行为。"一刀切"的分配方法忽视了积极努力的企业，助长了偷懒企业的惰性，不利于价值链的发展。因此，需要考虑企业合作程度（或努力水平）因素，对价值链上各参与主体的努力水平按比例分配。本研究用 H_i 来表示上下游各企业的努力水平，则农业价值链上各企业总体的努力水平可表示为：$H = \sum\limits_{i=1}^{n} H_i$，用 h_i 来表示企

业 i 在整条价值链上努力水平的比重，则有 $h_i = \dfrac{H_i}{H}$，$\sum\limits_{i=1}^{n} h_i = 1$，其中 $1/n$ 表示平均努力程度，$\Delta h_i = h_i - 1/n$ 为各企业努力程度与平均水平的差值，则加入努力水平因素后各企业所获得的实际利益分配结果如式（4-7）所示。

$$\phi_{努i}(v) = \phi_i(v) + \Phi(v) \times \Delta h_i = \phi_i(v) + \Phi(v) \times \left(h_i - \frac{1}{n} \right) \quad (4-7)$$

（4）加入企业投入资本因素。

农业价值链的发展运作离不开资本投入，各企业的经营也需要资金投入，资金流是保障价值链正常运转的必需品。资本投入与企业所处的发展阶段、规模、产品类型和企业在价值链中所处的环节等因素紧密相关，因此，我们在进行利益分配时也要综合考虑。本研究设定农业价值链上各企业的投入资本为 T_i，则整条价值链上各企业所投资的总额可表示为：$T = \sum\limits_{i=1}^{n} T_i$，用 t_i 表示企业 i 在整条价值链上的投入占比，则有 $t_i = \dfrac{T_i}{T}$，其中 $\sum\limits_{i=1}^{n} t_i = 1$，则加入投入资本因素后各企业所获得的实际利益分配如式（4-8）所示。

$$\phi_{投i}(v) = \Phi(v) \times t_i \quad (4-8)$$

3. 修正后的 Shapley 值法模型

通过对上述四个因素的修正，有利于实现利益在各企业间更合理的分配。当然，Shapley 值法模型改进不是对上述影响因子得到的结果的简单相加或相乘，需要按照各因素对农业价值链运作的影响程度进行区分，我们需要结合实际的农产品价值链的发展状况，利用科学合理的方法赋予各因素一定的权重比例。

假设有四个经济主体，并用 M_1、M_2、M_3 和 M_4 来分别表示各因素修正后对应的企业的实际利益，则：

$$M_1 = (\phi_{风1}, \phi_{风2}, \phi_{风3}, \phi_{风4}), \quad M_2 = (\phi_{增1}, \phi_{增2}, \phi_{增3}, \phi_{增4})$$

$$M_3 = (\phi_{努1}, \phi_{努2}, \phi_{努3}, \phi_{努4}), \quad M_4 = (\phi_{投1}, \phi_{投2}, \phi_{投3}, \phi_{投4})$$

本书采用美国运筹学家萨蒂（Saaty）教授提出的 AHP 层次分析法对各因素所占比重进行分析调整，得出 M_1、M_2、M_3 和 M_4 权重向量 $P = (p_1, p_2,$

p_3，p_4），设四个经济主体最终的利益分配额为（$v_{新1}$，$v_{新2}$，$v_{新3}$，$v_{新4}$），则可求得最终分配额如式（4-9）所示。

$$(v_{新1}，v_{新2}，v_{新3}，v_{新4}) = (p_1，p_2，p_3，p_4) \times \begin{pmatrix} \phi_{风1} & \phi_{风2} & \phi_{风3} & \phi_{风4} \\ \phi_{增1} & \phi_{增2} & \phi_{增3} & \phi_{增4} \\ \phi_{努1} & \phi_{努2} & \phi_{努3} & \phi_{努4} \\ \phi_{投1} & \phi_{投2} & \phi_{投3} & \phi_{投4} \end{pmatrix}$$

$$(4-9)$$

（四）基于农业价值链的信贷融资参与主体的利益分配实证分析

1. 应收账款融资模式

淮河 ZB 专业合作社下游的家庭农场经营占地 153 公顷，加入农业价值链前每公顷收入 30000 元左右，加入价值链后每公顷收入约 37500 元。加入农业价值链前后各参与主体的获利情况结果如表 4-3 所示。在收购环节，由于上游龙头企业短期内无法支付收购款而为 ZB 合作社开具应收账款单据，合作社以应收账款为抵押，以种业公司为担保，向农业银行申请贷款 300 万元，优惠利率为 4.35%。

表 4-3　　　　　　　　　价值链各参与主体获利情况　　　　　　　　单位：万元

参与主体组合	获利
农业银行（a）	13.05
生产商-家庭农场（b）	90
加工商-ZB 合作社（c）	114
供销商-龙头企业（d）	210
生产商+加工商（b+c）	360
生产商+供销商（b+d）	450
加工商+供销商（c+d）	510
生产商+加工商+供销商（b+c+d）	810

资料来源：2017 年 8 月宿州市埇桥区实际调研结果分析。

根据 Shapley 模型首先可以得到各参与主体的收益分配结果如下：

$$\phi_a(v) = 13.05 （万元）$$

$$\phi_b(v) = \frac{90}{3} + \frac{(360-114)+(450-210)}{6} + \frac{(810-510)}{3} = 211 （万元）$$

$$\phi_c(v) = \frac{114}{3} + \frac{(360-90)+(510-210)}{6} + \frac{(810-450)}{3} = 253 （万元）$$

$$\phi_d(v) = \frac{210}{3} + \frac{(450-90)+(510-114)}{6} + \frac{810-360}{3} = 346 （万元）$$

上述结果为价值链整体利益在 Shapley 模型下的简单分配，在此基础上各参与主体之间的利益有了初步的协调。在应收账款融资模式中，ZB 合作社将应收账款单据的风险转移给了银行，如果龙头企业能够按时付款，则皆大欢喜，如若不能及时还款，将会造成银行的呆账、坏账，因此在此模式中银行承担较大风险，为了平衡各方利益，将风险控制在合理范围内，应给予银行更多的风险报酬。其他方面根据实际情况进行具体分析，如表 4 - 4 所示。

表 4 - 4　　　　　　　　　各经济主体承担的具体情况

	a 银行	b 家庭农场	cZB 合作社	d 种业公司
资本投入	300 万元	400 万元	500 万元	800 万元
风险系数	0.4	0.1	0.2	0.3
创新增值系数	0.1	0.2	0.3	0.4
努力程度	0.1	0.3	0.3	0.3

通过修正的 Shapley 模型对各参数指标进行调整，在该模式中，银行承担大部分风险，调整后的具体指标结果如表 4 - 5 所示。

表 4 - 5　　　　　　　　　调整后的具体指标结果　　　　　　　单位：万元

指标	a 银行	b 企业	c 企业	d 企业
Δr_i	$\dfrac{3}{20}$	$-\dfrac{3}{20}$	$-\dfrac{1}{20}$	$\dfrac{1}{20}$
$\phi_{风i}(v)$	$13.05 + \dfrac{810\times3}{20} = 134.55$	$211 - \dfrac{3\times810}{20} = 89.5$	$253 - \dfrac{810}{20} = 212.5$	$346 + \dfrac{810}{20} = 386.5$

续表

指标	a 银行	b 企业	c 企业	d 企业
Δd_i	$-\dfrac{3}{20}$	$-\dfrac{1}{20}$	$\dfrac{1}{20}$	$\dfrac{3}{20}$
$\phi_{增i}(v)$	$13.05 - \dfrac{810 \times 3}{20} = -108.45$	$211 - \dfrac{810}{20} = 170.5$	$253 + \dfrac{810}{20} = 293.5$	$346 + \dfrac{810 \times 3}{20} = 467.5$
Δh_i	$-\dfrac{3}{20}$	$\dfrac{1}{20}$	$\dfrac{1}{20}$	$\dfrac{1}{20}$
$\phi_{努i}(v)$	$13.05 - \dfrac{810 \times 3}{20} = -108.45$	$211 + \dfrac{810}{20} = 251.5$	$253 + \dfrac{810}{20} = 293.5$	$346 + \dfrac{810}{20} = 386.5$
t_i	$\dfrac{3}{20}$	$\dfrac{1}{5}$	$\dfrac{1}{4}$	$\dfrac{2}{5}$
$\phi_{投i}(v)$	$\dfrac{810 \times 3}{20} = 121.5$	$\dfrac{810}{5} = 162$	$\dfrac{810}{4} = 202.5$	$\dfrac{810 \times 2}{5} = 324$

由表 4 – 5 可知，银行的利益分配出现负值，这主要是因为在原有的分配模式中，只是考虑了银行的利息因素，然而在应收账款融资模式中银行是信贷风险的主要承担者，将银行纳入价值链的分配中，可以在企业出现违约时予以惩罚，这将直接影响整条价值链上各企业间的实际利益分配情况。其他因素的修正是根据粮食作物从生产、加工到销售整个过程各主体的投入情况进行分配，相对合理。

在得到各参与主体对应各因素的修正数据后，需要利用 AHP 分析法对各修正指标进行具体的权重分配。首先，农作物受自然条件的影响比较明显，这是人类无法改变的客观事实，因此是首要风险因素；其次，粮食作物能出现大规模的增产增收离不开技术创新，正是有了机械设备和技术的创新，才能达到这一效果，因此创新因素居第二位；最后，各经济主体的投入和努力程度对利益分配的影响没有太大差异。由此可以确定各因素的权重向量为：$P = (p_1, p_2, p_3, p_4) = (0.4, 0.3, 0.15, 0.15)$。用 $(v_{新a}, v_{新b}, v_{新c}, v_{新d})$ 分别来表示各参与主体最终的利益分配，则表达式为：

$$(v_{新a}, v_{新b}, v_{新c}, v_{新d}) = (0.4, 0.3, 0.15, 0.15) \times \begin{pmatrix} 134.55 & 89.5 & 212.5 & 386.5 \\ -108.45 & 170.5 & 293.5 & 467.5 \\ -108.45 & 251.5 & 293.5 & 386.5 \\ 121.5 & 162 & 202.5 & 324 \end{pmatrix}$$

因此，在综合考虑各因素的影响后，本研究利用修正的 Shapley 模型得出各参与主体最终的利益分配结果如下：

$$v_{新a} = 0.4 \times 134.55 - 0.3 \times 108.45 - 0.15 \times 108.45 + 0.15 \times 121.5$$
$$= 23.2425 （万元）$$

$$v_{新b} = 0.4 \times 89.5 + 0.3 \times 170.5 + 0.15 \times 251.5 + 0.15 \times 162$$
$$= 148.975 （万元）$$

$$v_{新c} = 0.4 \times 212.5 + 0.3 \times 293.5 + 0.15 \times 293.5 + 0.15 \times 202.5$$
$$= 247.45 （万元）$$

$$v_{新d} = 0.4 \times 386.5 + 0.3 \times 467.5 + 0.15 \times 386.5 + 0.15 \times 324$$
$$= 401.425 （万元）$$

通过重新分配可以发现各参与主体的获利情况均发生较大的变化，其中银行从价值链的分配中分得"一杯羹"，获利较之前有所提高，这主要是增加了银行的风险补偿收益。重新分配之后，ZB 合作社和龙头企业获得了较大的利益，这主要是因为粮食增产得益于技术水平的提高，由种业公司提供优质的种子，再配上合作社先进的机器设备，实现各方增产增收，由上述具体分析结果可知，这种分配方法比较合理，符合价值链的实际生产经营情况。

2. 预付账款融资模式

FT 合作社从 F 公司购买 2000 头种猪，从农村商业银行贷款 600 万元，分四次还清，银行收取利息 6%，2000 头种猪可以带来 4 万头商品猪，商品猪的利润约为 250 元/头，合作社自己培育种猪约可以带来商品猪 3 万头，每头猪获利 200 元左右。如果仅靠合作社自身经营则无法达到这一效果。将各参与主体的实际收支考虑在内，可得到各企业参与价值链融资经营前后的利益分配结果如表 4 - 6 所示。

表 4 – 6　　　　　　　　　　各参与主体获利情况　　　　　　　单位：万元

参与主体组合	收益
农村商业银行（a）	36
生产商 – FT 合作社（b）	600
供应商 – 金锣公司（c）	96
银行 + 生产商（a + b）	750
银行 + 供应商（a + c）	126
生产商 + 供应商（b + c）	870
银行 + 生产商 + 供应商（a + b + c）	1200

资料来源：2016 年 12 月山东省临沂市实地调研结果分析。

根据 Shapley 模型首先可以得到各参与主体简单的收益分配，因为银行参与了合作社的融资过程，因此在初次分配时将其考虑在内，分配结果如下：

$$\phi_a(v) = \frac{36}{3} + \frac{(750 - 600) + (126 + 96)}{6} + \frac{1200 - 870}{3} = 152 \ （万元）$$

$$\phi_b(v) = \frac{600}{3} + \frac{(750 - 36) + (870 - 96)}{6} + \frac{1200 - 126}{3} = 806 \ （万元）$$

$$\phi_c(v) = \frac{96}{3} + \frac{(126 - 36) + (870 - 600)}{6} + \frac{1200 - 750}{3} = 242 \ （万元）$$

在得到简单分配后，需要根据各经济主体在融资模式中实际承担情况进行修正，分配情况如表 4 – 7 所示。

表 4 – 7　　　　　　　　　各经济主体承担的具体情况

	a 银行	bFT 合作社	cF 公司
资本投入	600 万元	200 万元	200 万元
风险系数	0.3	0.3	0.4
创新增值系数	0.2	0.3	0.5
努力程度	0.1	0.5	0.4

通过修正的 Shapley 模型对各参数指标进行调整，在该模式中，合作社承担大部分风险，调整后的具体指标结果如表 4 - 8 所示。

表 4 - 8 各参数指标修正数据 单位：万元

指标	a 银行	b 企业	c 企业
Δr_i	$-\dfrac{1}{30}$	$-\dfrac{1}{30}$	$\dfrac{1}{15}$
$\phi_{风i}(v)$	$152-\dfrac{1200}{30}=112$	$806-\dfrac{1200}{30}=766$	$242+\dfrac{1200}{15}=322$
Δd_i	$-\dfrac{2}{15}$	$-\dfrac{1}{30}$	$\dfrac{1}{6}$
$\phi_{增i}(v)$	$152-\dfrac{1200\times2}{15}=-8$	$806-\dfrac{1200}{30}=766$	$242+\dfrac{1200}{6}=442$
Δh_i	$-\dfrac{7}{30}$	$\dfrac{1}{6}$	$\dfrac{1}{15}$
$\phi_{努i}(v)$	$152-\dfrac{1200\times7}{30}=-128$	$806+\dfrac{1200}{6}=1006$	$242+\dfrac{1200}{15}=322$
t_i	$\dfrac{3}{5}$	$\dfrac{1}{5}$	$\dfrac{1}{5}$
$\phi_{投i}(v)$	$\dfrac{1200\times3}{5}=720$	$\dfrac{1200}{5}=240$	$\dfrac{1200}{5}=240$

由表 4 - 8 可知，银行的利益分配出现负值，这主要是因为在原有的分配模式中，银行仅得到利息收入。利用修正的 Shapley 模型，进行深入细致的分配。

在得到相关的修正数据后，需要利用 AHP 分析法对各修正指标进行权重分配，在预付账款融资模式中，合作社利用分期付款的方式来扩大再生产，在这一过程中，风险因素仍为主要因素，其次为努力程度、创新和投资，可以确定各因素的权重向量为：$P=(p_1,\ p_2,\ p_3,\ p_4)=(0.4,\ 0.2,\ 0.3,\ 0.1)$。根据综合分析得出的四个因素的权重，用 $v_银$、$v_合$、$v_金$ 分别表示 a、b、c 三个参与主体最终的利益分配，则表达式为：

$$(v_{银}、v_{合}、v_{金}) = (0.4, 0.2, 0.3, 0.1) \times \begin{pmatrix} 112 & 766 & 322 \\ -8 & 766 & 442 \\ -128 & 1006 & 322 \\ 720 & 240 & 240 \end{pmatrix}$$

因此，在综合考虑多个因素，利用修正的 Shapley 模型得出各参与主体最终的利益分配为：

$v_{银} = 0.4 \times 112 - 0.2 \times 8 - 0.3 \times 128 + 0.1 \times 720 = 76.8$（万元）

$v_{合} = 0.4 \times 766 + 0.2 \times 766 + 0.3 \times 1006 + 0.1 \times 240 = 785.4$（万元）

$v_{金} = 0.4 \times 322 + 0.2 \times 442 + 0.3 \times 322 + 0.1 \times 240 = 337.8$（万元）

通过重新分配可以发现各参与主体的获利情况均发生较大的变化，银行通过参与农业价值链的预付账款融资模式，不仅可以获得利息收入，一旦合作社违约，银行还可以通过出售货物获得风险收益。FT 合作社的获利也发生了较大的变化，因为分期付款的方式为其提供了更多的资金用于扩大再生产。F 公司获利也得到改善。由此可以得出，预付账款融资模式加固了农业价值链的稳定性，并提升了价值链整体及各参与主体的获利能力。

3. 存货质押融资模式

山东 X 大蒜合作社从银行贷款 500 万元，年利率为 8%，不考虑其他因素银行可获得利息收入 40 万元。在该存货质押融资模式中，销售大蒜的年收入高达 7000 万元，而蒜薹的收入高达 3600 万元，扣除成本等因素，各参与主体的利益分配如表 4 -9 所示。

表 4 -9　　　　　　大蒜产品价值链各参与主体获利情况表　　　　单位：万元

参与主体组合	收益
农村商业银行（a）	40
生产商合作社（b）	900
分销商公司（c）	1440
供应商 G 公司（d）	1800

续表

参与主体组合	收益
供应商 + 生产商（b + c）	3600
供应商 + 分销商（b + d）	2340
生产商 + 分销商（c + d）	2880
供应商 + 生产商 + 分销商（b + c + d）	5760

资料来源：2016 年 12 月山东省临沂市实际调研分析结果。

根据 Shapley 模型首先可以得到各参与主体的收益分配结果如下所示：

$$\phi_a(v) = 40 （万元）$$

$$\phi_b(v) = \frac{900}{3} + \frac{(3600-1440)+(2340-1800)}{6} + \frac{5760-2880}{3} = 1710 （万元）$$

$$\phi_c(v) = \frac{1440}{3} + \frac{(3600-900)+(2880-1440)}{6} + \frac{5760-2340}{3} = 2310 （万元）$$

$$\phi_d(v) = \frac{1800}{3} + \frac{(2340-900)+(2880-1800)}{6} + \frac{5760-3600}{3} = 1740 （万元）$$

在得到简单分配后，需要根据各经济主体在融资模式中实际承担情况进行修正，分配情况如表 4 - 10 所示。

表 4 - 10　　　　　　　　各经济主体承担的具体情况

	a 银行	b 企业	c 企业	d 企业
资本投入	500 万元	600 万元	900 万元	1000 万元
风险系数	0.3	0.3	0.2	0.2
创新增值系数	0.125	0.4	0.3	0.175
努力程度	0.15	0.3	0.3	0.25

通过修正的 Shapley 模型对各参数指标进行调整，在该模式中，合作社承担大部分风险，调整后的具体指标结果如表 4 - 11 所示。

表 4 – 11　　　　　　　　　　　各参数指标修正数据

指标	a 银行	b 企业	c 企业	d 企业
Δr_i	$\dfrac{1}{20}$	$\dfrac{1}{20}$	$-\dfrac{1}{20}$	$-\dfrac{1}{20}$
$\phi_{风i}(v)$	$40+\dfrac{5760}{20}=328$	$1710+\dfrac{5760}{20}=1998$	$2310-\dfrac{5760}{20}=2022$	$1740-\dfrac{5760}{20}=1452$
Δd_i	$-\dfrac{1}{8}$	$\dfrac{3}{20}$	$\dfrac{1}{20}$	$-\dfrac{3}{40}$
$\phi_{增i}(v)$	$40-\dfrac{5760}{8}=-680$	$1710+\dfrac{5760\times3}{20}=2574$	$2310+\dfrac{5760}{20}=2598$	$1740-\dfrac{5760\times3}{40}=1308$
Δh_i	$-\dfrac{1}{10}$	$\dfrac{1}{20}$	$\dfrac{1}{20}$	0
$\phi_{努i}(v)$	$40-\dfrac{5760}{10}=-536$	$1710+\dfrac{5760}{20}=1998$	$2310+\dfrac{5760}{20}=2598$	1740
t_i	$\dfrac{1}{6}$	$\dfrac{1}{5}$	$\dfrac{3}{10}$	$\dfrac{1}{3}$
$\phi_{投i}(v)$	$\dfrac{5760}{6}=960$	$\dfrac{5760}{5}=1152$	$\dfrac{5760\times3}{10}=1728$	$\dfrac{5760}{3}=1920$

　　由表 4 – 11 可知，银行的利益分配出现负值，这主要是因为在原有的分配模式中，未将银行纳入供产销中，只是从中获得贷款利息。在修正的 Shapley 模型，将银行纳入价值链的分配中，在一定程度上可以降低银行的信贷风险。

　　在得到相关的修正数据后，需要利用 AHP 分析法对各修正指标进行权重分配，在该存货质押融资模式中，合作社需要以自身存货为抵押进行融资，其中存货的质量、经营管理等方面都存在一定的风险，因此风险因素占据较高的比重；通过创新技术等来增加大蒜、蒜薹的产量，实现更高增值，因此在产品生产中该因素的权重仅次于风险因素；投资决定生产的规模，因此投资也占据较大比重，努力就会有收获，与其他因素相比，该因素所占的比重较低，因此根据大蒜经营农业价值链的实际情况进行分配，可以确定各因素的权重向量为：$P=(p_1,\ p_2,\ p_3,\ p_4)=(0.4,\ 0.3,\ 0.1,\ 0.2)$。根据综合分析得出的四个因素的权重，用 $v_{新1}$、$v_{新2}$、$v_{新3}$、$v_{新4}$ 分别表示 a、b、c、d 四个参与主体最终的利益分配，则表达式为：

$$(v_{新1}、v_{新2}、v_{新3}、v_{新4}) = (0.4, 0.3, 0.1, 0.2) \times \begin{pmatrix} 328 & 1998 & 2022 & 1452 \\ -680 & 2574 & 2598 & 1308 \\ -536 & 1998 & 2598 & 1740 \\ 960 & 1152 & 1728 & 1920 \end{pmatrix}$$

因此，在综合考虑多个因素，利用修正的 Shapley 模型得出各参与主体最终的利益分配为：

$$v_{新1} = 0.4 \times 328 - 0.3 \times 680 - 0.1 \times 536 + 0.2 \times 960 = 65.6 （万元）$$

$$v_{新2} = 0.4 \times 1998 + 0.3 \times 2574 + 0.1 \times 1998 + 0.2 \times 1152 = 2001.6 （万元）$$

$$v_{新3} = 0.4 \times 2022 + 0.3 \times 2598 + 0.1 \times 2598 + 0.2 \times 1728 = 2193.6 （万元）$$

$$v_{新4} = 0.4 \times 1452 + 0.3 \times 1308 + 0.1 \times 1740 + 0.2 \times 1920 = 1531.2 （万元）$$

通过重新分配可以发现各参与主体的获利情况均发生较大的变化，其中 a、b、c 三个主体均表现为利益上升，而 d 的收益则较之前有所下降，这主要是加入修正因素后使得分配更加规范合理，避免了龙头企业利用自身优势欺压合作社和其他生产商，有利于带动各主体的积极性。此外，由上述分配结果与原有的利益总额之间存在一定出入，这主要由于农业价值链的存货质押模式为了降低银行的信贷风险，将银行考虑在内，把价值链最终利益的一部分让予银行，这样既有利于维持与银行的长期合作关系，又可以带动农业价值链内部经营的扩大再生产，实现各参与主体的互利共赢，促进价值链的可持续性发展。

（五）小结

通过对比分析可以发现，在传统的银行信贷融资模式中，只有银行和农民合作社两个参与主体，双方为不完全信息条件下的非合作博弈。因此，当从利益分配的角度考虑时，银企双方都会以自身利益最大化为首要目标。由于农民合作社自身资信状况不佳，存在较高的违约风险，使得双方在利益分配时很难达成一致，很容易导致合作社钱难借、银行款难收的困境，所以无法满足农业现代化发展的融资需求。

　　基于农业价值链的信贷融资模式不同于传统农业融资模式，它是由多个参与主体共同构成的，各主体间的利益分配是一种合作博弈模式。首先，在农业价值链中，各参与主体作为一个利益联结体，只有实现集体利益最大化，才能更好地保证自身利益最大化。这一点较传统融资模式中的自身利益最大化的行为有了很大的区别。其次，通过修正的 Shapley 模型实证分析的结果可以看出，各参与主体在参加农业价值链后获得的利益要远高于传统模式中各主体独立经营的获利。最后，通过几个实证结果可以发现，银行在农业价值链融资模式中获得收益不仅包括利息收入还包括风险补偿，在风险可控的情况下，银行才愿意放贷给农民合作社等中小企业，这样也更有利于农业价值链经营的可持续性。因此，通过对比分析可知，基于农业价值链的信贷融资模式比传统融资模式更具优势，更能满足农业现代化的发展需求。

第五章

"互联网+农业价值链"的创新
融资体系及利益分配研究

"互联网+农业价值链"金融服务伴随着电子商务、物流金融、产业链金融等发展应运而生,各参与者以商业信用为媒介,"互联网+农业价值链"的创新融资体系是基于农业价值链的真实交易信息,将供应商、制造商、分销商、零售商直到最终用户连成一个整体,利用互联网技术全方位的为价值链上的农户、家庭农场、农民合作社、农业企业等各参与主体提供融资服务,以实现整个农业价值链的不断增值,龙头企业或金融机构利用大数据对农户进行综合授信,利用互联网技术既解决了传统金融服务"业务成本高、抵押品不足、信息不对称"的三大困境,又解决了互联网金融的资信调查问题,具有惠及农户多、风险可控、可持续、可推广的鲜明特点,是未来"互联网+农业价值链"融资发展的方向和重点。

第一节 "互联网+农业价值链"的创新融资体系

随着"互联网+"时代的来临,信息日益成为与劳动力、资本和土地同等重要的生产要素,各行各业都受到大数据智能化网络联合机制的冲击,信息资源的利用率不断提高,由此形成的信息生产力,逐渐在社会生产中发挥出巨大的引擎作用。同时也不断促进着我国传统行业向范围报酬和规模报酬递增的方向转型，促进信息服务化与产品产业化融合发展，相应地，"互联网＋"也给农业价值链的发展带来了新的生机。"互联网＋农业价值链"的创新融资体系从整个农业价值链角度出发，将价值链参与者作为一个整体来看待，龙头企业或金融机构通过移动互联网技术提供灵活、全面的金融产品和服务，进行综合授信，将资金有效注入农业价值链中，由此促使龙头企业与农户建立较为长期稳定的战略协同关系，这种关系的形成既能有效提升农业价值链的竞争力，又能持续解决农户面临的融资难问题。

目前与农业价值链深度结合的互联网金融主体有三农服务商和电商平台（如表5－1所示），它们依托农业价值链提供金融服务，形成"互联网＋农业价值链"的创新融资体系。作为当前"互联网＋农业价值链"融资模式的重要创新，"农业价值链＋三农服务商"融资机制和"农业价值链＋电商平台"融资机制依靠其独有的优势迅速发展起来。在三农服务行业躬耕多年的大北农集团，旗下的农信金融依托农业价值链推出的"农富贷"产品，是大北农在农业价值链金融领域的第一款小额信贷产品，通过企业与线上融资平台合作，近年来的业务服务范围也在不断扩大，虽然同行业衍生出较多的类似产品，但"农富贷"始终具有一定的代表性；京东商城作为国内具有影响力的电商交易平台，主要运营模式是商家对客户，以自营的形式直接销售农产品，与"农业价值链＋电商平台"融资机制中参与主体的定位一致，集团旗下京东金融主推的农村金融产品"京农贷"，信贷范围覆盖农户从农资采购到农产品种植、加工销售的全价值链金融需求，很好地打通了消费者与农业生产者的价值链对接环路。因此，本章将重点研究"农业价值链＋三农服务商"和"农业价值链＋电商平台"这两类融资创新模式，"农富贷""京农贷"这两款依托农业价值链打造的互联网金融产品，作为两类融资模式创新的代表，也是本章案例分析选取的对象。

表 5 - 1   两类融资模式的优劣

运作主体	服务对象	优势	制约因素
三农服务商	龙头企业供应链上下游客户	线下销售网点丰富；供应链上下游客户量巨大；积累了大量的农村销售数据和丰富的农户信息	借款人被局限为核心企业供应链下游客户，业务覆盖面受限；依赖农业企业主营业务的发展能力及规模
电商平台	农村电商平台用户	大数据；用户数量庞大；金融机构的线下合作	农村基础设施不完善导致物流成本高；高附加值农产品销售渠道不畅；仅基于平台交易数据所获得的原始数据可能失真或不完整

资料来源：王刚贞，江光辉．"农业价值链 + 互联网金融"的创新模式研究——以农富贷和京农贷为例 [J]．农村经济，2017，(04)：49 - 55。

一、"农业价值链 + 三农服务商" 的融资模式

(一)"农业价值链 + 三农服务商" 融资模式的运作机制

三农服务商将传统农资销售与互联网相结合，以农资销售网站为线上平台，以农资站为线下销售端口，以大数据为支持，采用线上对线下的新型网络销售模式，并将业务拓展到"三农"融资板块，通过线上建立平台为企业上下游客户提供金融服务。如今我国一些农业龙头企业已经开始通过与商业银行及互联网金融平台展开合作来为农业产业链下游的农户和涉农企业提供融资服务，利用信息化平台实现下游资金需求方和上游资金提供方的对接，这不仅有助于融资双方交易成本的降低，还能够有效解决信息不对称问题，其依托强大的价值链汇集上下游大量的客户信息，利用互联网技术在线为农户提供资金支持的同时，也扩大了产品的销售。通过数据收集、整理、剖析、验证等一系列活动，让资金提供者能够更准确、客观地了解各资金需求方的有关信息，有效地缓解了农业生产资金筹措与融通这一难题。表5 - 2列举了活跃于农村金融市场的三农服务商代表企业以及推出的金融产品。

表5-2　　　　　　　　　　三农服务商代表企业及主要产品

代表企业	主营业务	农村互联网金融产品	产品功能
村村乐	三农综合服务	"村村贷""村村融"	作为理财产品，门槛低，提高农民闲散资金的利用效率；作为支付工具，减少购货时的现金支付；作为融资渠道，提供农户资金筹措与融通
大北农	饲料、种子生产销售	"农农贷""农富贷""农富宝""扶持金"	
新希望	饲料、种子、渔药、农化	"惠农贷""应收贷""希望宝"	

资料来源：王刚贞，江光辉."农业价值链 + 互联网金融"的创新模式研究——以农富贷和京农贷为例［J］.农村经济，2017，（04）：49-55。

　　在这种"农业价值链 + 三农服务商"的融资模式内，农户的融资需求一般通过两种方式满足：一是三农服务商作为农业价值链中的龙头企业，为种养殖户或合作社提供种子或幼仔、技术以及相关补贴，并在线上为企业上下游客户提供实物和现金形式的资金支持，是企业提供的内部融资；二是由龙头企业出面来向商业银行发出贷款申请，在这一过程中需要龙头企业、商业银行、农户等多方的参与，有些龙头企业还以担保人的身份为农户提供贷款担保服务，这是通过价值链外融资获取所需资金。

　　一方面，三农服务商的核心企业拥有较高信誉，能在银行取得较高额度的授信来满足一般农户的融资需求，也可通过其雄厚的资金实力来为农户提供银行的信贷担保；另一方面，三农服务商在农业生产领域深耕多年，其分支机构开发了大量的上下游客户，线上和线下销售网点分布在全国各大主要城市，换言之，三农服务商联系全国客户的纽带就是其分支机构和上下游客户，通过汇总农户信息和农村销售数据，在农村地区构建了一个成熟的网络化组织，其运作机制如图5-1所示。

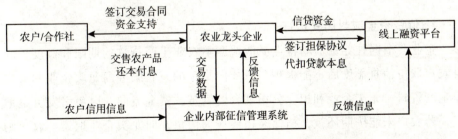

图5-1　"农业价值链 + 三农服务商"融资运作机制

（二）"农业价值链＋三农服务商"融资风险控制机制

"农业价值链＋三农服务商"是三农服务商基于农业价值链开展的互联网金融业务创新，其产品设计及业务模式本身就具有一定的风险规避效应。

1. 农业龙头企业的实力和信誉保障

通常而言，那些产品渠道广泛、资金需求能够得到迅速满足的企业基本上都拥有庞大的客户群体，而且其在自身传统领域内的地位也比较高，与互联网金融模式相比，这种模式的核心竞争力更强，而且对投资者的吸引力更大。

2. 开展"三农"网贷征信评估

首先，结合小额信贷的授信模式完善农户授信评级模型，形成切实可行和精准的信用评估、信用定价、风险监测和欺诈侦查体系；然后利用互联网金融的数据征信模式将线下信用渠道与网络数据对接，为线上服务与线下操作之间的转接提供更多优化的信用支持。

3. 合作金融机构的审慎经营原则

金融机构在对农业价值链上的龙头企业给予审慎的综合评估后，才通过长期合作的方式，针对价值链内的特定经营目标，对其定向地提供一揽子金融产品和服务。在这一融资过程中，金融机构提供的金融资源具有排他性，即不在农业价值链范围内的特定农户和企业一般得不到这些金融资源。

4. 信贷资金流封闭式运行

企业会根据种养殖业的特点灵活地调整农业生产贷款的期限和额度，并且农户取得信贷额度后不能提现，只能向指定的三农服务商龙头企业购买农业生产资料，龙头企业和担保公司联合监管贷款资金流向，以免引发资金危机，若农户未能按期还款，担保公司要代为偿付并向龙头企业追索，农户则要支付违约金给担保公司，并承担相应的责任。实践证明，该模式由于银行和龙头企业的信用介入其中，信贷资金流又是封闭式运行，从微观的角度来看是比较安全的，并且这种完善的风险控制机制有利于提高整个农业价值链的核心竞争力。

（三）案例分析——大北农集团"农富贷"

1. 融资机制

大北农是农业价值链上服务三农的龙头企业，最初大北农希望通过小额贷款缓解企业上下游客户的融资问题，于是就有了打造一个专门的资信体系的想法，利用合作伙伴和种养殖户日益积累的信用数据，打造一个独特的金融运行模式，该模式与传统资本市场和商业银行现行的金融模式有着许多不同之处，是行业内首个为农户提供金融服务的体系。在农户信用评价体系建立之初，大北农根据得到的相应数据将体系内信用度最好的农户推荐给银行，2013年大北农的客户就取得了3亿多元的银行贷款且不用任何担保。进一步地，如果依靠企业自身就能够直接贷款给农户，而不依靠金融机构作为资金供给端，则会给企业和农户带来更多便利，所以大北农开始逐步进入小额贷款领域。

其价值链融资业务设计思想是：利用猪管网搜集养殖业数据、信息，改善养猪水平；利用搜集到的数据，方便农户交易生猪和农资，促进农业发展；而农村业务的开展则主要通过大数据征信和财务体系输出得以实现，改善农村融资难的现状；大数据征信平台选取旗下的北京农信互联科技有限公司，以"农信网""智农通"手机软件为互联网总口和移动端总口，形成一个完美覆盖电脑端和移动端的农业金融生态圈，切实满足客户对支付结算、小额贷款、资信评估、投资理财等金融服务的需求。截至2014年底，从主营业务收入来看，大北农集团销售量90%都是通过线上进行的，总共实现了300多亿元的交易额；从目前的农村金融业务规模来看，已经有2200多家客户在大北农的帮助下顺利获得了金融机构的贷款，累积贷款额达到了11亿元，农户的资金需求得到了充分满足，其运作机制如图5-2所示。

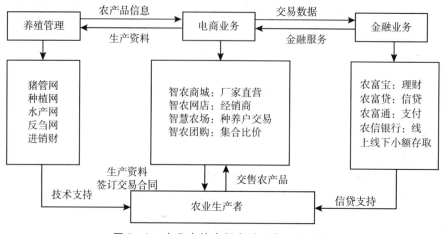

图 5-2　大北农的农村金融业务运作流程

　　"农富贷"是大北农旗下小额贷款公司的第一款产品,其在创立之初只为与大北农有交易往来的农户提供贷款,其贷款对象必须是符合国家"三农"产业政策,有产品、有市场、有效益、有信用、有发展前景的各类农村小微企业及经济组织。放款流程分为贷款申请、贷款受理、项目初审、项目评审、签订合同、正式放款、贷后管理、贷款回收和追偿、项目终结等环节,以上流程包括客户的资信评估等全部以线上操作为主。随着企业对客户融资力度的不断加大和农户资信体系建设的日趋完善,农富贷也会向农业价值链外的其他农户提供小额贷款。在种养殖行业,每年都存在淡季旺季,农富贷会将贷款与养殖户和种植户的淡季旺季资金需求匹配起来,确保农户在旺季来临前能够取得资金支持,在淡季来临前归还贷款,并为他们提供配套的综合服务,有效提高种养殖户的整体素质,增强他们的市场竞争力和抵御风险的能力。例如,银行的贷款回收日为每年的 12 月 31 日,在此之前,大北农会发放一些短期贷款给产品尚未全部销售的养殖户,养殖户用这笔贷款偿还银行贷款之后就能继续申请银行贷款,有了资金就能偿还大北农贷款。这样就可以非常好地解决客户的资金周转压力、给客户增加新的收入来源,为客户提供便利,并使得大北农与农户之间的联系更加紧密,使客户在购买大北农产品和享受大北农服务的同时,增强对大北农的黏性和忠诚度,这也对大北农建立品牌认知度有着极大的益处。

2. 风险控制

"农富贷"作为大北农在农业价值链金融领域的一款小额信贷产品,其风险控制与大北农旗下农信网的大数据平台密不可分。大北农的核心发展方向是为三农服务,其内部人才济济,仅负责与农民沟通和交流的员工就有20000名左右,这些信息和数据日积月累形成了一个庞大的客户数据库,这是几大知名电商(如京东、阿里)所不具备的。大北农的七八百个市场财务人员都活跃在客户的养殖场或家里,除了帮助客户打理日常经营,还要做一项重要工作——小额信贷,业务人员就是信贷员,财务人员就是风控人员,而小额贷款公司只是做最后的管理工作。大北农成功融合线上平台和线下体系之后便获得了一套成熟、灵活的大数据,这些数据真实地还原了产业链中所有要素与价值的流动过程。以"猪联网"平台构建起的养猪互联网生态圈为例,平台内的数据库存有大量的细化数据,如养殖环境的监控数据、各个养殖户的养殖数量、生猪屠宰加工过程、猪的交易记录等。"猪管网"系统记录的数据,可以作为对猪农进行贷款的依据,平台资信系统会分析录入各种数据,并通过计算环境指数、客户信用度和水平得出客户的信用等级,为客户提供闭环式小微金融服务。

二、"农业价值链＋电商平台"的融资模式

(一)"农业价值链＋电商平台"融资模式的运作机制

由于农村网民的快速增长,给农村电子商务的发展奠定了坚实的基础,席卷全国的消费性金融正向农村全面渗透,造就了电子商务的产业集聚,通过为农业生产者和消费群体提供支付、信贷以及线上理财、保险等产品,进一步推动了互联网企业加速拓展农村金融市场。自2014年以来,阿里巴巴、京东金融等互联网金融企业为了进一步巩固自己在农村金融市场中的地位而广设村级服务点,利用消费性金融来撬动农村互联网金融向前发展,并推出了许多新的农村消费性金融服务产品,吸引了一大批优秀的人才开展乡村推

广工作。表 5 - 3 列举出了目前活跃于农村金融市场的电商平台代表企业以及其推出的主要金融产品。

表 5 - 3   农村电商平台代表企业及主要产品

代表企业	主营业务	农村互联网金融产品	产品功能
阿里巴巴/蚂蚁金服	B2C/C2C 电子商务	"旺农贷""旺农保""旺农付"	提供农户理财途径，具有小额分散的特点；低门槛提供农户资金筹措与融通；收集农户征信资料，提供农户信贷担保
京东	B2C 电子商务	"乡村白条""京农贷"	
一亩田	B2B 电子商务	"农易贷"	
云农场	B2C 电子商务	"云农宝"	

资料来源：王刚贞，江光辉．"农业价值链 + 互联网金融"的创新模式研究——以农富贷和京农贷为例［J］．农村经济，2017，（04）：49 - 55。

在"农业价值链 + 电商平台"的融资模式内，大数据背景为电商进军农村金融服务领域创造了得天独厚的优势，他们以农村金融机构为依托，直接将金融服务提供给农村客户，实现了上下游平台价值链的延伸，其中资金供给方、资金需求方和电商平台都是融资机制中不可或缺的组成部分，整个模式通过电商平台得以运转，由此不难看出，农村电商平台的运行对大数据的依赖性极强。

首先，在信贷流程方面，大型综合电商平台搜集所得的外部数据主要来自于农村服务点和电子商务交易历史数据；其次，以互联网技术（如云计算）为依托分析大数据，并以之为依据评估客户的信用状况，制定风险控制目标；再次，农村电商平台以上述数据信息为纽带，为平台中的小微涉农企业、其他平台农户等客户提供线上信贷服务，农业电商平台先获得消费者的预付款，之后向农业价值链上游传导，农业生产者即获得来自农业电商平台的预付款，生产者根据生产需要，也可提前从平台获得生产贷款或预支部分农产品款项，这样农户在农业生产环节就有了来自消费者的资金投入，从而实现了农业生产环节与消费环节的对接，改变了过去以农业生产为主要资金来源的方式，能够调动农户投资积极性，降低农产品的市场风险，其运作机制如图 5 - 3 所示。

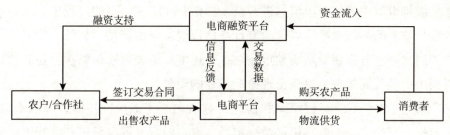

图5-3 "农业价值链+电商平台"融资运作机制

在综合性电商平台"遍地开花"的同时，农业细分领域电商平台也在努力获得农村金融机构的信任和支持，其中最具代表性的当属"云农场"，其平台担保的客户可以从农村金融机构处获得线下信贷服务，线上及其他相关金融服务则由电商平台负责提供。"云农场"之所以能够在短时间内赢得山东农村信用联社、华夏银行、农业银行的支持，就得益于其与生俱来的数据优势，线下授信数据的审核由"云农场"全权负责，线下低息贷款由银行负责发放，双方共同对贷款用途进行跟踪与监督。这种模式弥补了银行难以高效地获得农放贷征信数据的缺陷，得到了农业贷款服务部门以及银行金融机构的一致认可。

（二）"农业价值链+电商平台"融资模式的风险控制机制

"农业价值链+电商平台"融资模式依托价值链的真实交易，基于平台交易的大数据，有效地控制信贷风险。整个信贷过程的风险控制如下：

第一步在贷前，这是一个对借款对象的调查和审核过程。其风险控制利用农村的"熟人社会"，由农村合伙人通过走访、谈话的方式人工收集村民的个人信息，不用抵押和担保，只要收集到公司所需文件并保留副本即可，包括宅基地证明、户口本、身份证等，公司接到文件副本之后会在第一时间委派专员考察和证实文件的真实性，第一步的授信准入是基于农村"熟人社会"的相互了解。

第二步在贷中，需要谨慎地审核借款人的资料，评估其信用状况，明确贷款数额然后发放贷款。其风险控制采用的是实地调查，农户线上申请完成后，电商平台利用外访人员进行实地调查，公司资信系统收到农户资料之后会立即将申请主体的各项信息进行录入操作，在审核信息的过程中，会重点考察贷款人的征信水平，以作为签订征信授权协议的依据。另外，为强化风险控制，一些电商平台除实地审核信息外还增加了夫妻联保机制，还款协议必须由夫妻共同签署，以免出现逾期不还的现象。

第三步在贷后，通过跟踪和监督贷款流向来完成风险控制，一般来说，电商平台贷给农户的款项用途是指定的，农户的贷款资金只能在其线上平台或线下门店用于购买农资农具等生产资料，跟踪和监督资金流向并非是电商平台或担保公司哪一方的责任，需要二者联合起来，形成监督合力。具体到农业生产中，农产品种植、农资采购、加工销售都属于信贷覆盖范围；具体到消费环节上，保险、理财、信贷服务都属于金融服务范围。

（三）案例分析——京东电商平台"京农贷"

1. 融资机制

京东拥有全国最大的自营式电商平台，其 B2C 电商市场占有率达到 50% 以上，主要以自营形式直接销售农产品。2013 年京东建立京东金融，部分融资项目则基于"农业价值链 + 电商平台"融资模式，利用自有资金资源来满足价值链中客户的融资需求。截至 2016 年，已经有 20 多万农户获得了由京东金融提供的理财、消费、贷款等多元金融服务[①]。

京东于 2016 年 1 月面向广大养殖户推出了与中华联合财产保险股份有限公司联合开发的"京农贷—养殖贷"金融产品和服务，这一融资服务期限与农户养殖周期完全一致，并且创新性地引入了保险机制，融资额度为 200 万元，所提供的利率与市场利率水平相匹配，贷款流程少，无抵押。然而目前还处于试行阶段，如"仁寿京农贷""先锋京农贷"就分别暂时只面向四川仁寿地区的枇杷种植户和山东地区先锋种子种植户开放，"养殖贷"只针对新希望旗下普惠农牧融资担保有限公司体系内的农户。另外，"京农贷"还向汇源（濮阳）羊业有限公司、平顶山现代养殖专业合作社总社等开放个

---

① 周琳：京东农村金融累计服务 20 万农户，中国经济网，2016 年 3 月 20 日。

人贷款业务,京东金融未来开通其他地区京农贷业务的依据是贷款申请数。在农资购买环节,京东针对农业生产者购买物资便利度低的现状推出了"先锋京农贷"融资产品;在生产环节,京东与多家知名企业结成了紧密的合作关系,如四川仁寿福仁缘农业开发有限公司、杜邦先锋等;在农产品网上销售方面,京东针对农产品生产者库存较多的问题推出了"仁寿京农贷"融资产品。产品具体特点为:

(1)先锋京农贷,利用杜邦先锋及其经销商的数据了解农户信用,先锋种业的经销商为农户农资信贷的一级担保,而其自身则为二级担保,为种植环节的生产资料需求提供融资贷款,帮助农民增产增收。通过合作经销商严控资金使用场景,完成资金流和商品流的闭环循环。优势体现在:还款方式限制少,贷款审批流程简单,利息以天计算。

(2)仁寿京农贷,依托农产品收购订单,为订单农户提供生产所需的流动资金贷款。优势体现在:农户直接获得现金贷款,使用灵活,并且可以通过订单履约偿还贷款本息。

(3)养殖贷,探索"互联网信贷＋保险＋担保"的模式,为新希望和产业链上下游的农户提供贷款支持。优势体现在:能够满足养殖农户生产所需流动资金和固定资产贷款;还款方式灵活且按日计息;保险和担保共同提供外部增信,具有较强的风险防控能力。

在贷款额度上,不同借款用途的最高信贷额度不同,贷款金额为1万～500万元不等,根据产品不同,贷款金额也不同;贷款期限和利率上,目前贷款期限为1～12个月,月利率为0.54%～1%,根据产品不同,贷款期限和利率也可能不同;申请贷款流程上,有需求的农户可先在线上申请贷款资格,待审批通过后在线下填写申请表并签署贷款协议,最后等待人工审核,若信息属实,贷款将会在3个工作日内向农户发放,其运作流程如图5-4所示。

2. 风险控制

目前,农业信贷业务避无可避的一个问题就是难以获得可靠、完整的农户征信数据。"京农贷"作为一个致力于满足广大农户生产资料需求的金融

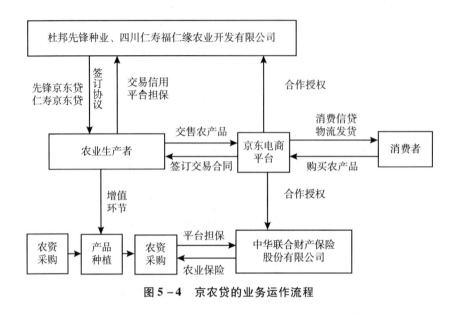

图 5 - 4　京农贷的业务运作流程

信贷服务产品，最初依托其集团旗下的配送体系打造乡村推广渠道，与不同产业链上已经积累了大量数据的涉农企业合作，基于合作伙伴、电商平台等沉淀的大数据信息和渠道等多项优势，使用先进的风险识别和数据分析工具，搭建农户信用风控模型，完善农户的信用水平，并给予相应的授信额度，从而控制风险。现阶段，包括新希望六和、中华联合财产保险公司、通威、杜邦先锋在内的四十多家金融公司已经与京东金融结成了稳定的合作关系。

　　以上企业的加盟起到了巩固和延长农业价值链的作用，这对于其控制风险，提升业务水平而言意义重大。而现阶段"京农贷"开始尝试针对特定产业链搭建数据驱动的风险控制，与青花瓷软件（北京）有限公司共同开发出了面对广大养殖户的数据化驱动风险控制方案，通过数据挖掘，对普通农户的养殖效益进行定价并放贷，从流程和数据的角度实现了"京农贷"贷前、贷中、贷后的风险控制。

三、两种模式的比较

　　大北农的"农富贷"产品基于"农业价值链 + 三农服务商"融资机制，

而京东金融的"京农贷"产品则是基于"农业价值链+电商平台"融资机制，两者虽都是依托农业价值链打造的互联网金融产品，却有着不同的价值链融资机制以及风险防控手段，也吸引着不同的价值链参与主体。

（一）从产品的融资机制来看

大北农的"农富贷"产品依靠的是在价值链融资中起主导作用的龙头企业，通过集团旗下的"农信网"这一联接龙头企业与上下游长期合作客户的入口，将价值链中有融资需求的农户与有着雄厚资金实力的龙头企业对接，从而使得缺乏生产资金，但又是大北农忠实客户的部分农业经营主体获得来自龙头企业的赊销，或者通过龙头企业的担保获得其他融资平台的信贷资金支持。但这部分能获得融资支持的农业经营主体有着很大的限制，被局限为龙头企业价值链上下游有着长期合作关系的客户，并且由于龙头企业的主营业务覆盖面受限，农业经营主体获得的生产资料赊销以及信贷资金的用途也会受到较多限制。而京东金融的"京农贷"产品依托的是在价值链融资中起中介作用的电商平台，连接的是消费者与生产者之间的资金流，将来自消费环节的资金流经过电商平台直接导向生产环节，缓解农业生产者的融资需求，通过电商平台的合作授权与担保，部分与其签订交易合同的农户还能获得该条价值链上其他涉农企业的信贷支持。但在这种融资机制下，市场因素带来的冲击则会被放大，高附加值农产品销售渠道的不畅使得签订交易合同很难如期完成，可能会给整条价值链融资的资金流带来很大阻碍，这就意味着来自消费环节的资金不能顺利流向生产环节，此时农业经营主体的融资就会受到限制。

（二）从产品的风险防控来看

从产品的风险防控来看，两者在很大程度上都是依靠平台的大数据风控，但"农富贷"依靠的是自建的互联网大数据平台"农信网"，其庞大的基层推广队伍20年来已在线下积累了大量精确的客户信息和数据，每笔投放出去的信贷资金流向与实时动态都在该平台上有着详细的记录，因此大北农有能力在风险可控范围内为客户提供包括资信评估、小额贷款、支付结算和投资理财等在内的多种金融服务，提高整个农业价值链的生产效益。再来考察"京农贷"风险防控的做法，京东金融联合农业价值链上的合作伙伴，以担保抵押作为核心风险防控模型，通过保险和担保公司来规避农业价值链中农产品价值增值环节的风险，再通过外包的方式将信贷的大数据风控交给了专业的第三方，针对特定产业链搭建整套数据化驱动的风控方案。这样一来，不论是农业生产还是价值链融资，都能纳入风险可控的范围之内。

总而言之，无论是基于"农业价值链+三农服务商"融资机制的"农富贷"还是依靠"农业价值链+电商平台"融资机制的"京农贷"，关键是要保持整条价值链运营过程中资金流的畅通，才能使得农业价值链融资服务具有可持续性。两种创新模式的结果是，对于银行而言其融资收益增加，风险变小，对于农业生产者而言其融资成本降低，规模增大。不难发现，政府政策的适度扶持会显著减少企业的外部成本，可以通过政策激励以提高价值链运行效率，设立资金池以降低价值链参与主体的风险，从而使价值链上的增值部分更多地惠及农户。

第二节 "互联网+农业价值链"融资收益分配研究

"互联网+农业价值链"融资自产生以来发展迅速，虽然已产生了许多不同的创新模式和运行机制，为各方参与主体带来了更多的合作机会和更大的收益，但价值链运行背后的收益分配制度的建立却相对迟缓，参与主体对风险因素的识别也较为模糊，导致农业经济主体共同参与价值链融资的积极性不高，这就影响了"互联网+农业价值链"融资服务的可持续性。本节通过调研得到的资料，以"农业价值链+三农服务商"这一具体融资模式为代表，比较分析了农业经营主体在不参与价值链的传统经营模式的收益分配与农业经营主体共同参与农业价值链的新型经营模式的收益分配，结果发现这种融资模式所带来的总收益的确高于传统经营模式下各方参与主体的总收益。然后通过构建Shapley值收益分配模型计算发现，现阶段这种价值链融资模式在收益分配上的缺陷，即承担风险相对较大的参与主体其获取的收益分配却较少，显然不符合金融学中风险收益对等的原则。为了完善现阶段的风险收益机制，使农业价值链融资的发展具有可持续性，故引入风险因子对参与主体的收益分配进行了修正，提出了公平合理的收益分配方案，以期为现阶段的价值链融资收益分配提供借鉴。

一、基于 Shapley 值法的模型构建

以"农业价值链＋三农服务商"这一具体创新模式为例（另一种模式"农业价值链＋电商平台"风险与收益的分析与此类似），目前最常用的收益分配模式为混合模式，即产出共享与固定收益分配相混合的模式，收益分配通常涉及三个参与主体——合作社、龙头企业、线上融资平台，收益主体主要由作为融资需求方的合作社担任，其农产品销售是整个价值链融资收益的最终来源，合作社、龙头企业及线上融资平台的收益本质上均来源于此；而线上融资平台与龙头企业则担任着收益客体的角色。在实际收益分配中，合作社的融资收益除了要作为贷款利息还给线上融资平台外，很大一部分都拿来支付给农业龙头企业用来购买种苗、饲料等生产资料以及打通销售渠道，而自己却只能获得剩下的少量收益。在这种实际收益分配模式下，农业龙头企业凭借其在整个价值链条中的优势地位获取了大部分收益，获得了流动资金、扩大了销售规模、取得了最大化销售利润，却承担着较小的风险，农户和线上融资平台只能获得小部分的固定收益，却承担着龙头企业转嫁来的大部分风险，这对农户和线上融资平台来说有失偏颇。因此现阶段的收益分配策略已逐渐难以适应"互联网＋农业价值链"融资的快速创新发展，互利互惠和相互制约的机制却还没有建立起来，各参与主体间倾向于躲避或转嫁风险，这种长期以来的风险承担与收益分配之间的不对等，势必影响到价值链参与主体合作的积极性，导致各方参与主体在各个环节的合作变得不协调，从而影响农业价值链的正常运转。因此，若要避免上述一系列问题，提升现阶段农业价值链的整体利益，带来更加合理的收益分配方案，以保证"互联网＋农业价值链"融资服务的可持续性，那么对该融资模式下的收益分配与风险评价的研究便是亟须的。

在农业价值链融资模式下，各个参与主体合作分工，这种经济联盟可视同多方合作问题，参与主体之间的收益分配可看作多人合作对策的收益分配问题，从而可用 Shapley 值法来解决（胡国晖，2013）。Shapley 值法用于处理多方合作对策问题，即按照各方参与主体对价值链合作联盟整体的贡献程度进行收益分配，其本质为一种概率计算。对于一个 n 人博弈来说，参与人随机结为任意一个联盟 S 的概率为 $1/n!$，成员 i 与前面的 $(s-1)$ 个人结成联盟 S，则 i 对联盟的贡献为 $V(s) - V(s\backslash i)$，由于 $(S-1)$ 与 $(N-S)$ 的局中人排序共有 $(|s|-1)!(n-|s|)!$ 种，因此每个排序出现的概率为 $\dfrac{(|s|-1)!(n-|s|)!}{n!}$，Shapley 值法是依据每个参与者对联盟整体的贡献期望值来进行联盟整体收益的分配：

$$\sum \frac{(|s|-1)!(n-|s|)!}{n!}[V(s) - V(s\backslash i)] \qquad (5-1)$$

其中，$|s|$ 为合作联盟 S 的成员个数，$V(s)$ 为有第 i 人参与时价值链合作联盟 S 的收益，$V(s\backslash i)$ 为没有第 i 人参与时合作联盟 S 的收益，$V(s) - V(s\backslash i)$ 相应地为第 i 人对于价值链合作联盟 S 的贡献，$\omega(|s|)$ 为加权因子，其值为：

$$\omega(|s|) = \frac{(|s|-1)!(n-|s|)!}{n!} \qquad (5-2)$$

那么在合作联盟 S 中第 i 个成员最终获得的均衡收益分配为：

$$\phi_i(V) = \sum \omega(|s|)[V(s) - V(s\backslash i)], \ i = 1, 2, \cdots, n \qquad (5-3)$$

假设某一农业价值链融资由龙头企业、农民合作社、线上融资平台三方参与，分别用 1、2、3 表示，则由 Shapley 值模型可得出三者的均衡收益分配函数 $\phi_i(V)$ 分别为：

$$\phi_1(V) = \frac{1}{3}V_1 + \frac{1}{3}(V_{123} - V_{23}) + \frac{1}{6}(V_{12} - V_2) + \frac{1}{6}(V_{13} - V_3) \qquad (5-4)$$

$$\phi_2(V) = \frac{1}{3}V_2 + \frac{1}{3}(V_{123} - V_{13}) + \frac{1}{6}(V_{12} - V_1) + \frac{1}{6}(V_{23} - V_3) \qquad (5-5)$$

$$\phi_3(V) = \frac{1}{3}V_3 + \frac{1}{3}(V_{123} - V_{12}) + \frac{1}{6}(V_{13} - V_1) + \frac{1}{6}(V_{23} - V_2) \qquad (5-6)$$

这种基于 Shapley 值法构建的收益分配模型是根据各参与主体对整条价值链的贡献程度得到的，认为农业价值链融资合作联盟中各参与主体所承受的风险是等同的。然而现实情况未必如此，合作联盟中各参与主体承担的风险必定存在较大的差异，根据风险收益原则，承担风险越大的参与主体，分配的收益也应越多，故而应该从承担风险大小的角度，对参与主体的收益分配进行修正，以使得当前价值链收益分配方案得到优化。

二、构建基于风险因子的参与主体风险评价指标体系

"互联网+农业价值链"融资模式中包含了众多不同类型的经营主体，涉及的领域较广，在运行过程中蕴藏着诸多风险因素，了解并识别这些因素，对判断价值链融资中各参与者的风险承担程度，并以此建立起公平合理的收益分配机制很重要。由于"互联网+农业价值链"融资的细分模式众多，难以面面俱到，但在本研究所划分的两类具体模式中，各参与主体所面临的风险因素却是大同小异。故这里以"农业价值链+三农服务商"这一具体创新模式为例，对该模式下的合作社、农业龙头企业以及线上融资平台这三者在价值链运行过程中所面临的风险进行识别，构建基于风险因子的参与主体风险评价指标体系，为研究价值链参与主体的收益分配做准备。

（一）参与主体融资风险因素识别

对于"互联网+农业价值链"融资风险因素的识别与划分，这里借鉴盛巧玲（2012）、李彩凤（2016）等学者的研究思路，以"农业价值链+三农服务商"这一具体融资模式为例，将价值链参与主体面临的风险因素划分为环境风险、线上操作风险、信用风险、网络技术安全风险、法律及声誉风险五大类。

（1）环境风险，是价值链参与主体所处的自然环境、经济环境、政治环境等的不确定性所产生的风险，具体包括自然环境风险、宏观政策风险、区域经济风险、行业市场风险。

（2）线上操作风险，是价值链中各参与主体在互联网终端进行农产品买

卖业务以及资金融通业务等线上操作时所产生的一系列不确定性因素，具体包括消费者操作风险、网络支付创新风险、内部员工操作风险。

（3）信用风险，现阶段农村地区农户的征信系统尚未完全建立，大部分农户缺乏对自身信用的管理和资信不足，加之中小企业管理不规范，这就产生了信用缺失，主要包括借款企业的道德风险、财务风险、经营风险和产品质量风险。虽然互联网与价值链的约束有效缓解了传统农业融资的信息不对称问题，但信用风险仍是融资业务中必须关注的一类风险。

（4）网络技术安全风险，是价值链融资依托于电子商务模式而实现的网络融资产生的特有风险，主要包括核心技术风险、数据安全风险、系统中断风险。

（5）法律及声誉风险，是由我国现行的法律法规及监管体制不完善导致的法律法规缺位风险，互联网金融这一新生业态所面临的主体资格风险和声誉风险，以及所有互联网金融平台需要防范的网络洗钱风险。

（二）参与主体的风险指标体系构建

根据前面对价值链参与主体风险因素的识别与划分，基于指标体系构建原则，可以得到"农业价值链 + 三农服务商"这一具体融资模式下的参与主体风险评价指标体系，目标层为参与主体面临综合风险因子，准则层包括5个一级指标，下设指标层共包括18个二级指标（如表5－4所示）。

表5－4　　　　　　　　　　参与主体风险指标体系

目标层	一级指标（准则层）	二级指标（指标层）
"农业价值链 + 三农服务商"融资参与主体综合风险F	环境风险 F1	自然环境风险 F11
		宏观政策风险 F12
		区域经济风险 F13
		行业市场风险 F14
	线上操作风险 F2	消费者操作风险 F21
		网络支付创新风险 F22
		内部员工操作风险 F23

目标层	一级指标（准则层）	二级指标（指标层）
"农业价值链＋三农服务商"融资参与主体综合风险 F	信用风险 F3	道德风险 F31
		财务风险 F32
		经营风险 F33
		产品质量风险 F34
	网络技术安全风险 F4	核心技术风险 F41
		数据安全风险 F42
		系统中断风险 F43
	法律及声誉风险 F5	网络洗钱风险 F51
		法律法规缺位风险 F52
		主体资格风险 F53
		声誉风险 F54

三、引入风险修正因子的收益分配

（一）计算参与主体综合风险系数

根据风险收益原则，经济主体承担的风险越大，所获收益就应该越多，所以有必要将农业价值链融资参与主体承受的风险因素考虑进来，进一步测算基于风险因子修正的 Shapley 值均衡收益分配，以优化"互联网＋农业价值链"融资模式下的收益分配方案。由于风险数据难以从现实中获得，为便于区分和测算，下面将根据前文中对农业价值链融资参与主体面临各种风险的划分，采用模糊层次分析法（fuzzy analytic hierarchy process，FAHP）对融资参与主体的风险进行评价，以使对风险系数的计算更加客观合理。基本方法是：首先建立评价指标的递阶层次结构模型；其次，应用层次分析法确定各指标的权重；再次，应用模糊层次分析法进行综合评价，得到评价矩阵；最后根据权重向量和评价矩阵计算得出评价结果。

1. 确定风险评价因素集

设 F 为农业价值链融资参与主体综合风险因素集，根据构建的指标体系：

$$F = \left\{ \begin{array}{l} \text{环境风险 } F_1，\text{线上操作风险 } F_2，\text{信用风险 } F_3， \\ \text{网络技术安全风险 } F_4，\text{法律及声誉风险 } F_5 \end{array} \right\}$$

其中包含的每个因素又可继续分解为：

$$F_1 = \left\{ \begin{array}{l} \text{自然环境风险 } F_{11}，\text{宏观政策风险 } F_{12}， \\ \text{区域经济风险 } F_{13}，\text{行业市场风险 } F_{14} \end{array} \right\}$$

$$F_2 = \{\text{消费者操作风险 } F_{21}，\text{网络支付创新风险 } F_{22}，\text{内部员工操作风险 } F_{23}\}$$

$$F_3 = \{\text{道德风险 } F_{31}，\text{财务风险 } F_{32}，\text{经营风险 } F_{33}，\text{产品质量风险 } F_{34}\}$$

$$F_4 = \{\text{核心技术风险 } F_{41}，\text{数据安全风险 } F_{42}，\text{系统中断风险 } F_{43}\}$$

$$F_5 = \left\{ \begin{array}{l} \text{网络洗钱风险 } F_{51}，\text{法律法规缺位风险 } F_{52}， \\ \text{主体资格风险 } F_{53}，\text{声誉风险 } F_{54} \end{array} \right\}$$

2. 确定风险评价集

这里将各指标所反映出的农业价值链融资参与主体综合风险评价划分为五个级别构建风险评价集：$V = \{V_1, V_2, V_3, V_4, V_5\} = \{$很高，较高，一般，较低，很低$\}$，并赋予评价集各元素以量值 $V = \{0.1, 0.3, 0.5, 0.7, 0.9\}$，表示评价集各元素与综合风险数值大小的对应关系。

3. 确定各指标权重

首先邀请专家参照打分标度对评价各指标的相对重要性进行打分（具体打分标准见附录），然后根据专家打分情况构造判断矩阵，并借助 AHP 软件计算各指标的权重，对判断矩阵是否具有满意一致性进行检验，检验公式如下：

$$CI = \frac{\lambda_{\max} - n}{n - 1}, \quad CR = \frac{CI}{RI} \tag{5-7}$$

其中，$\lambda_{\max}$ 为根据判断矩阵求出的最大特征值，CI 为判断矩阵的一致性指标，RI 为修正系数，CR 为修正后的一致性指标。当 $CR < 0.1$ 时，认为

判断矩阵具有满意的一致性，否则就需要调整判断矩阵并使之具有满意的一致性。

4. 构造单指标模糊评价矩阵

单指标模糊评价是针对一级指标（准则层）的评价，通过对指标的模糊等级评价，结合对应权重分布，得出一级指标（准则层）评价指标矩阵。通过对单因素评价，建立起 F 到 V 的模糊关系矩阵 B，表示为：

$$B_i = \begin{bmatrix} b_{11} & b_{12} & b_{13} & \cdots & b_{1n} \\ b_{21} & b_{22} & b_{23} & \cdots & b_{2n} \\ b_{31} & b_{32} & b_{33} & \cdots & b_{3n} \\ \cdots & \cdots & \cdots & & \cdots \\ b_{m1} & b_{m2} & b_{m3} & \cdots & b_{mn} \end{bmatrix}, \quad (0 < b_{ij} < 1) \tag{5-8}$$

其中，B_i 是评价因素集中第 i 个指标对于评价集中的每个 V_1，V_2，V_3，V_4，V_5 的隶属度，b_{ij} 表示从第 i 个因素着眼，对被评价对象做出第 j 种评语的概率，可求出单因素评价集 $C_i = A_i \times B_i$，A_i 为第 i 个一级指标（准则层）的权重集。用上述方法分别求出对应的单因素评价集为行向量构造的一级指标（准则层）评价矩阵：

$$C = \begin{bmatrix} C_1, & C_2, & C_3, & C_4, & C_5 \end{bmatrix}^T = \begin{bmatrix} c_{11} & c_{12} & c_{13} & \cdots & c_{1n} \\ c_{21} & c_{22} & c_{23} & \cdots & c_{2n} \\ c_{31} & c_{32} & c_{33} & \cdots & c_{3n} \\ \cdots & \cdots & \cdots & \cdots & \cdots \\ c_{m1} & c_{m2} & c_{m3} & \cdots & c_{mn} \end{bmatrix} \tag{5-9}$$

5. 模糊综合评价

模糊综合评价的最终目的是要综合估计所有因素对评价对象的影响，通过各单因素的评价矩阵 C_i 得到总的评价矩阵 D，结合 AHP 软件计算得到一级指标权重矩阵，即得出评价目标的总体评价结果。运用模糊矩阵乘法计算得到的综合评价结果为：

$$D_i = A_i \times C_i = (d_1, d_2, d_3, \cdots, d_i) \qquad (5-10)$$

其中，D 为模糊综合评价集，d_i 表示综合考虑所有指标的影响时评价对象对风险评价集内第 i 个评价等级的隶属度。根据陈红华（2011）等学者提出的计算方法，那么价值链中该参与主体综合风险系数为：

$$r_i = 1 - (1-d_1)(1-d_2)\cdots(1-d_i) \qquad (5-11)$$

最后将价值链中每个参与主体综合风险系数构成的矩阵 $R = (r_1, r_2, \cdots, r_i)$ 作归一化处理即得到计算各参与主体收益分配时的风险修正因子。

（二）引入风险因子修正

引入风险修正因子后，农业价值链合作联盟中各参与主体 i 的风险修正因子按下式计算：

$$\Delta r_i = r_i - \frac{1}{n}, \ (i=1, 2, \cdots, n) \qquad (5-12)$$

其中，Δr_i 为价值链中参与主体 i 的合理收益分配修正量，$\Delta r_i \leq 0$ 时，表示该参与主体在传统合作中承担的风险比理想低，应从原来分得的利益中扣除相应的部分；$\Delta r_i \geq 0$，表示该参与主体在传统合作中承担的风险比理想高，应在分得的利益的基础上增加相应的部分。最后可以得到价值链中各参与主体 i 的在合作联盟中应分配到的收益为：

$$\phi'_i(V) = \phi_i(V) + \phi(V)\Delta r_i, \ (i=1, 2, \cdots, n) \qquad (5-13)$$

式（5-13）为考虑了风险影响因素后价值链合作联盟中各参与主体 i 获得的收益，在风险因子引入前后，价值链参与主体的整体收益没有改变，改进后的 Shapley 值法模型将各参与方的风险承担量考虑其中，并假定所有合作方具有完全理性，并且以总体收益最大化为目标。只有在传统的 Shapley 值模型中引入风险修正因子，才能使得各参与主体的收益分配方案更加合理。

四、"互联网+农业价值链"融资收益分配的实证分析

（一）农业价值链的传统收益分配

本部分将以山东省临沂市河东区供销合作社下辖的"鲁盛养鸭专业合作

社"为例进行分析，该合作社是一家依托农业价值链形成的肉鸭规模化养殖基地，注册资金210万元，先后投资510万元，依托河东及周边地区肉鸭养殖的资源优势、农业龙头企业新希望六和饲料的品牌优势以及供销社的牵头，吸纳了326户入社农户，发展了合同养殖农户800余户，联合了6家农业龙头企业，其中包括2家饲料公司，2处种鸭场，1个大型孵化厂，1个大型饲料油脂厂，1个食品公司，同时肉鸭产品统一加入六和集团销售网络，解决了养殖户养殖肉鸭从产到销的一系列问题，实现了整个产业链条的覆盖，带动了当地肉鸭养殖标准化、规模化发展，形成了"合作社＋农业龙头企业＋线上融资平台"的融资模式，在这条价值链融资链条中，专业合作社提供劳动资料，农业龙头企业新希望六和集团提供生产资料，线上融资平台提供资金支持，包括小额信贷、P2P等多种融资形式，三方参与主体合作完成生产、加工和销售。

该农民合作社发展处于初期阶段，生产规模、基础设备、资源、人力等都劣于农业价值链上的各大龙头企业，在接入价值链后，通过线上融资平台提供价值链融资，合作社的生产规模得到扩大，龙头企业的销售额增加，但在收益分配中，龙头企业凭借其雄厚的实力占据价值链领导地位，在收益分配方面有着很大的支配权，而农民合作社承担风险较高却受益较少，严重影响了其参与价值链融资的积极性。因此制定一套合理的收益分配制度是促进农业价值链稳定运行的重要保障。本研究在考虑了农民合作社、龙头企业以及线上融资平台的特点后，选择采用带风险因子的Shapley值法对价值链收益进行分配。

1. 价值链收益函数及各变量取值

假设该合作社规模化年养殖产量可达到10万只，且生产资料全部从农业龙头企业新希望六和集团购买，融资和销售渠道均由新希望集团旗下的线上融资平台提供，分别用1、2、3代表农业龙头企业，专业合作社和线上融资平台，则经营主体收益函数如表5–5所示。

表 5 - 5 不同合作联盟下的经营主体收益函数

合作情况		假设	收益函数
单独经营	1. 单独经营	龙头企业新希望六和集团养殖 10 万只肉鸭所需饲料成本为 a，成本利润率为 r_1，收益为饲料销售利润	$V_1 = ar_1$
	2. 单独经营	合作社养殖 10 万只肉鸭所需成本为 b，成本利润率为 r_2，收益为肉鸭销售利润	$V_2 = br_2$
	3. 单独经营	不考虑机会成本，线上融资平台单独经营获得的收益为 0	$V_3 = 0$
两方合作	1、2 合作	合作社与龙头企业合作可获得赊销，占合作社资本投入比例为 u，双方合作收益为赊销后的饲料销售利润和肉鸭销售利润	$V_{12} = (1+u)ar_1 + (1+u)br_2$
	1、3 合作	不考虑线上平台直接融资给龙头企业的情况，双方合作收益为龙头企业单独经营时的收益	$V_{13} = ar_1$
	2、3 合作	合作社与线上平台融资合作可获得贷款，其占合作社资本投入比例为 v，线上平台金融放贷成本占比为 c_1，双方合作收益为贷款后的肉鸭销售利润减去放贷成本	$V_{23} = (1+v)br_2 - c_1vb$
价值链	1、2、3 合作	龙头企业、合作社与线上平台合作可获得价值链融资，其占合作社资本投入比例为 w，线上平台金融放贷成本占比为 c_2，假设三方合作时不影响 1、2 合作时的赊销比例以及 2、3 合作时的放贷比例，那么三方合作收益为总的融资利润减去融资成本	$V_{123} = (1+u+v+w)ar_1 + (1+u+v+w)br_2 - c_1vb - c_2wb$

根据鲁盛养鸭专业合作社提供的相关数据，可对农业经营主体收益函数中各变量进行赋值，具体如表 5 - 6 所示。

表 5 - 6 收益函数中各变量的取值

变量	取值	说明
a	240 万元	一只肉鸭从鸭苗到出栏约长 5~6 斤，吃饲料约 12 公斤，饲料生产成本 1 元/斤，饲料售价 1.5 元/斤
r_1	50%	

变量	取值	说明
b	380 万元	肉鸭养殖成本：鸭苗 2 元/只（重约 0.5 斤），疫苗政府补贴，饲料 36 元/只；成品肉鸭重约 6~6.5 斤，出栏销售价格为 8 元/斤
r_2	32.63%	
u	40%	合作社通过新希望六和集团获得赊销比例约为其资本投入的 40%
v	10%	在没有龙头企业增信的情况下，合作社获得金融机构的融资比例约占其资本投入的 10%
w	30%	在新希望六和集团增信的情况下，合作社通过线上融资平台获得价值链融资约占其资本投入的 30%
c_1	0.50%	传统融资模式金融机构放贷成本约为放贷金额的 0.5%
c_2	0.25%	在"互联网+农业价值链"融资中，由于龙头企业对合作社增信以及价值链约束等原因，通过线上融资平台来获得价值链融资，其放贷成本降低为 0.25%
r_3	20%	为方便计算，假定合作社通过其他形式融资以及"互联网+价值链"融资的利息均为 20%

2. 计算收益分配

由表 5-6 可知，在不参与价值链融资的情况下，合作社可获得占其资本投入 40% 的赊销和 40% 的价值链融资，此时每个农业经营主体的收益达到最大，各参与主体的传统收益函数为：

$$X_1 = (1 + u + v + w) a r_1 \qquad (5-14)$$

$$X_2 = (1 + u + v + w) b r_2 - (v + w) b r_3 \qquad (5-15)$$

$$X_3 = (v + w) b r_3 - c_1 v b - c_2 w b \qquad (5-16)$$

参与价值链的收益函数为：

$$V_{123} = (1 + u + v + w) a r_1 + (1 + u + v + w) b r_2 - c_1 v b - c_2 w b \qquad (5-17)$$

再将表 5-6 中各变量的赋值带入传统收益函数和价值链收益函数可计算得出经营主体在参与或不参与价值链的情况下的收益分配，如表 5-7 所示。

表5-7　　　　　　　　传统收益分配与参与价值链收益分配　　　　单位：万元

合作方式	三方总收益 X	龙头企业收益 X_1	合作社收益 X_2	线上融资平台收益 X_3
单独经营	244	120	124	0
1、2合作	341.6	168	173.6	0
2、3合作	256.21	120	128.8	7.41
参与价值链	438.725	216	192.8	29.925

从表5-7中可以发现：

（1）各参与主体单独经营时，不存在价值链融资的情况，因此不存在融资收益，此时线上融资平台的收益为0，龙头企业和合作社的收益仅来源于他们单独生产经营所获得的收益，各参与主体收益总和最少。

（2）当专业合作社与农业龙头企业达成生产合作联盟时，由于专业合作社可以从农业龙头企业那里获得一定比例的生产资料赊销，这种变相的融资方式不仅能够解决专业合作社的生产资料短缺问题、扩大生产，还能拓展农业龙头企业的销售规模、增加利润，从而给这两个经营主体在传统生产经营的基础之上带来一定的额外收益，故此时各参与主体的均衡总收益要高于二者单独经营时总收益。

（3）当专业合作社与线上融资平台达成融资合作联盟时，由于专业合作社可以从线上融资平台那里获得约占其资本投入10%的融资比例，这种直接融资方式能够在一定程度上缓解专业合作社的生产资金短缺问题、提高生产收益，也能给线上平台带来一笔额外的放贷收益，从而达到双方共赢，故此时各参与主体的均衡总收益也会略高于单独经营时的总收益。

（4）当专业合作社、农业龙头企业、线上融资平台三者之间形成一条农业价值链时，在龙头企业为合作社增信以及价值链的约束下，合作社能够获得的融资额度大幅提高，线上平台的放贷成本也会有所下降，由于这条价值链能够通过生产、融资等渠道，给各参与主体带来规模扩大、成本减小、融资风险可控等一系列优势，增加他们的经营收益，从而带来整个价值链的不断增值，故整个价值链的均衡总收益要远高于其他任何一种传统经营模式的总收益，同时也证实了在"互联网+农业价值链"融资模式下，各参与主体总收益的确高于他们按照传统模式单独经营或者两两简单合作时的收益。

3. 新型农业价值链融资参与主体收益风险不对称

将表 5 - 6 中各变量的赋值带入式 (5 - 4)、式 (5 - 5)、式 (5 - 6) 中可计算得出龙头企业、合作社、线上融资平台的 Shapley 值均衡收益分配 $\phi_i(V)$，并与现阶段的价值链收益分配对比，如表 5 - 8 所示。

表 5 - 8　　　　价值链现阶段收益分配与 Shapley 值均衡收益分配　　　单位：万元

	价值链参与三方总收益 $\phi(V)$	龙头企业收益 $\phi_1(V)$	合作社收益 $\phi_2(V)$	线上融资平台收益 $\phi_3(V)$
Shapley 均衡收益分配	438.725	197.105	207.21	34.41
均衡收益分配比		44.93%	47.23%	7.84%
现阶段价值链收益分配	438.725	216	192.8	29.925
现阶段收益分配比		49.23%	43.95%	6.82%

从表 5 - 8 中比较发现，在现阶段农业价值链的运行模式下，各参与主体的收益分配难以做到公平合理，在农业价值链中处于优势地位的龙头企业所占的收益分配比例最大，相比之下承受风险最多的专业合作社，由于在农业价值链中处于劣势地位，其所占的收益分配比例要低于龙头企业，而作为资金融通部门的线上融资平台，由于放贷成本高、融资额度低等原因，其所获得的收益较少，占比也最低。在考虑了价值链各参与主体的贡献程度后，通过 Shapley 值模型计算价值链均衡收益分配发现，合作社和线上融资平台在该农业价值链中的收益分配比例均有所上升，其中合作社的收益分配比例上升了 3 个百分点，线上融资平台的收益分配比例上升了 1 个百分点，而龙头企业的收益分配比例则相应地下降了 4 个百分点，向承担风险较多的专业合作社和线上融资平台进行了适当的转移，说明原来的分配方式中虽然部分体现了龙头企业的重要性，但其核心作用体现不明显，需要据此对其收益分配进行相应地削减。但这种基于 Shapley 值计算的价值链均衡收益分配没有考虑到各方参与主体承受的风险因素对收益分配的影响，从各成员承担风险

的角度来看还是存在一定的缺陷，因而此时的收益分配比例并不一定是该模式下的最优方案，故下面我们将风险修正因子引入 Shapley 值模型中，重新考察价值链融资联盟中的收益分配，以使各参与主体收益分配方案更加公平合理。

4. 基于风险收益对等原则的公平收益分配方案

这里以线上融资平台这一参与主体为例，按照构建的风险评价指标体系以及本章介绍的模糊层次分析法其进行风险量化计算。

（1）确定各指标权重。

本部分以 1~9 的打分标准为依据，邀请 5 位从事农业价值链工作多年、有着丰富经验的专业人士，在综合考虑 5 位专家意见的基础之上得出每个层次的判断矩阵，并运用 AHP 软件得出各层级指标的权重，准则层的判断矩阵如表 5-9 所示。

表 5-9　　　　　　以线上融资平台综合风险为目标层的判断矩阵

	环境风险 F1	线上操作风险 F2	信用风险 F3	网络技术安全风险 F4	法律及声誉风险 F5
环境风险 F1	1	1/3	1/4	1/5	1/4
线上操作风险 F2	3	1	1/2	1/3	1/2
信用风险 F3	4	2	1	1/2	1
网络技术安全风险 F4	5	3	2	1	2
法律及声誉风险 F5	4	2	1	1/2	1

由 AHP 软件可得该判断矩阵的最大特征值 $\lambda_{max} = 5.0517$，一致性指标 $CR = 0.0115 < 0.1$，通过了一致性检验，目标层下的一级指标（准则层）的权重分布为 $A = (0.0562, 0.1268, 0.2189, 0.3793, 0.2189)$。同理可得各个准则层的判断矩阵及各指标的权重，准则层的判断矩阵如表 5-10~表 5-14 所示。

表 5 – 10　　　　　　　　　以环境风险为准则层的判断矩阵

	自然环境风险 F11	宏观政策风险 F12	区域经济风险 F13	行业市场风险 F14
自然环境风险 F11	1	1/2	1/3	1/4
宏观政策风险 F12	2	1	1/2	1/3
区域经济风险 F13	3	2	1	1/2
行业市场风险 F14	4	3	2	1

由 AHP 软件可得该判断矩阵的最大特征值 $\lambda_{max} = 4.0310$，一致性指标 $CR = 0.0116 < 0.1$，通过了一致性检验，该准则层下的二级指标（指标层）的权重分布为 $A^1 = (0.0954, 0.1601, 0.2772, 0.4673)$。

表 5 – 11　　　　　　　　　以线上操作风险为准则层的判断矩阵

	消费者操作风险 F21	网络支付创新风险 F22	内部员工操作风险 F23
消费者操作风险 F21	1	1/3	2
网络支付创新风险 F22	3	1	4
内部员工操作风险 F23	1/2	1/4	1

由 AHP 软件可得该判断矩阵的最大特征值 $\lambda_{max} = 3.0183$，一致性指标 $CR = 0.0176 < 0.1$，通过了一致性检验，该准则层下的二级指标（指标层）的权重分布为 $A^2 = (0.2385, 0.6250, 0.1365)$。

表 5 – 12　　　　　　　　　以信用风险为准则层的判断矩阵

	道德风险 F31	财务风险 F32	经营风险 F33	产品质量风险 F34
道德风险 F31	1	1/3	1/4	1/2
财务风险 F32	3	1	1/2	2
经营风险 F33	4	2	1	3
产品质量风险 F34	2	1/2	1/3	1

由 AHP 软件可得该判断矩阵的最大特征值 $\lambda_{max} = 4.0310$，一致性指标 $CR = 0.0116 < 0.1$，通过了一致性检验，该准则层下的二级指标（指标层）的权重分布为 $A^3 = (0.0954, 0.2772, 0.4673, 0.1601)$。

表 5 – 13　　　　以网络技术安全风险为准则层的判断矩阵

	核心技术风险 F41	数据安全风险 F42	系统中断风险 F43
核心技术风险 F41	1	1/6	1/3
数据安全风险 F42	6	1	2
系统中断风险 F43	3	1/2	1

由 AHP 软件可得该判断矩阵的最大特征值 $\lambda_{max} = 3.0000$，一致性指标 $CR = 0.0000 < 0.1$，通过了一致性检验，该准则层下的二级指标（指标层）的权重分布为 $A^4 = (0.1000, 0.6000, 0.3000)$。

表 5 – 14　　　　以法律及声誉风险为准则层的判断矩阵

	网络洗钱风险 F51	法律法规缺位风险 F52	主体资格风险 F53	声誉风险 F54
网络洗钱风险 F51	1	1/5	1/2	1/3
法律法规缺位风险 F52	5	1	4	3
主体资格风险 F53	2	1/4	1	1/2
声誉风险 F54	3	1/3	2	1

由 AHP 软件可得该判断矩阵的最大特征值 $\lambda_{max} = 4.0511$，一致性指标 $CR = 0.0191 < 0.1$，通过了一致性检验，该准则层下的二级指标（指标层）的权重分布为 $A^5 = (0.0838, 0.5462, 0.1377, 0.2323)$。

（2）构造单指标模糊评价矩阵。

邀请 5 位从事农业价值链工作多年、有着丰富经验的专业人士，在构建的风险评价指标体系的基础之上，对线上融资平台的各单因素风险等级进行打分，各个风险指标的评价等级（隶属度）如表 5－15 所示。

表 5－15　　　　　　　　风险评价指标的模糊等级评价

一级指标 （准则层）	二级指标 （指标层）	隶属度				
		很高	较高	一般	较低	很低
环境风险 F1	自然环境风险 F11	0	0.25	0.4	0.25	0.1
	宏观政策风险 F12	0	0.1	0.2	0.5	0.2
	区域经济风险 F13	0.1	0.2	0.4	0.2	0.1
	行业市场风险 F14	0.3	0.4	0.2	0.1	0
线上操作风险 F2	消费者操作风险 F21	0.4	0.35	0.15	0.1	0
	网络支付创新风险 F22	0.3	0.3	0.25	0.15	0
	内部员工操作风险 F23	0.25	0.35	0.25	0.1	0.05
信用风险 F3	道德风险 F31	0.25	0.3	0.2	0.15	0.1
	财务风险 F32	0.15	0.25	0.3	0.2	0.1
	经营风险 F33	0.2	0.25	0.35	0.15	0.05
	产品质量风险 F34	0.15	0.25	0.3	0.2	0.1
网络技术 安全风险 F4	核心技术风险 F41	0.1	0.15	0.35	0.25	0.15
	数据安全风险 F42	0.5	0.3	0.2	0	0
	系统中断风险 F43	0.3	0.4	0.2	0.1	0
法律及声誉 风险 F5	网络洗钱风险 F51	0.25	0.4	0.3	0.05	0
	法律法规缺位风险 F52	0.4	0.35	0.25	0	0
	主体资格风险 F53	0.35	0.3	0.2	0.1	0.05
	声誉风险 F54	0.2	0.2	0.3	0.2	0.1

由表 5－15 的数据得到各单因素的模糊评价矩阵为：

$$B_{F_1} = \begin{bmatrix} 0 & 0.25 & 0.4 & 0.25 & 0.1 \\ 0 & 0.1 & 0.2 & 0.5 & 0.2 \\ 0.1 & 0.2 & 0.4 & 0.2 & 0.1 \\ 0.3 & 0.4 & 0.2 & 0.1 & 0 \end{bmatrix} \quad B_{F_2} = \begin{bmatrix} 0.4 & 0.35 & 0.15 & 0.1 & 0 \\ 0.3 & 0.3 & 0.25 & 0.15 & 0 \\ 0.25 & 0.35 & 0.25 & 0.1 & 0.05 \end{bmatrix}$$

$$B_{F_3} = \begin{bmatrix} 0.25 & 0.3 & 0.2 & 0.15 & 0.1 \\ 0.15 & 0.25 & 0.3 & 0.2 & 0.1 \\ 0.2 & 0.25 & 0.35 & 0.15 & 0.05 \\ 0.15 & 0.25 & 0.3 & 0.2 & 0.1 \end{bmatrix} \qquad B_{F_4} = \begin{bmatrix} 0.1 & 0.15 & 0.35 & 0.25 & 0.15 \\ 0.5 & 0.3 & 0.2 & 0 & 0 \\ 0.3 & 0.4 & 0.2 & 0.1 & 0 \end{bmatrix}$$

$$B_{F_5} = \begin{bmatrix} 0.25 & 0.4 & 0.3 & 0.05 & 0 \\ 0.4 & 0.35 & 0.25 & 0 & 0 \\ 0.35 & 0.3 & 0.2 & 0.1 & 0.05 \\ 0.2 & 0.2 & 0.3 & 0.2 & 0.1 \end{bmatrix}$$

由模糊综合评价公式 $C_i = A_i \cdot B_i$ 计算得各二级指标的单因素评价集为:

$C_1 = (0.16791, 0.28222, 0.27452, 0.21084, 0.07405)$

$C_2 = (0.317025, 0.31875, 0.22615, 0.13125, 0.006825)$

$C_3 = (0.182905, 0.25477, 0.313825, 0.171865, 0.076635)$

$C_4 = (0.4, 0.315, 0.215, 0.055, 0.015)$

$C_5 = (0.397085, 0.31246, 0.25892, 0.06442, 0.030115)$

由此可得一级指标的评价矩阵为:

$$C = [C_1, C_2, C_3, C_4, C_5]^T = \begin{bmatrix} 0.16791 & 0.28222 & 0.27452 & 0.21084 & 0.07405 \\ 0.317025 & 0.31875 & 0.22615 & 0.13125 & 0.006825 \\ 0.182905 & 0.25477 & 0.313825 & 0.171865 & 0.076635 \\ 0.4 & 0.315 & 0.215 & 0.055 & 0.015 \\ 0.397085 & 0.31246 & 0.25892 & 0.06442 & 0.030115 \end{bmatrix}$$

(3) 模糊综合评价。

由层次分析法得出的准则层对决策目标的排序权重系数为 $A = (0.0562, 0.1268, 0.2189, 0.3793, 0.2189)$,基于以上数据,根据式 (5 - 10) 可得综合评价结果为:

$D = A \times C = [0.356181, 0.309126, 0.239239, 0.088303, 0.026237]$

再由式 (5 - 11) 可得价值链中线上融资平台的综合风险系数为 0.694199。

专业合作社和线上融资平台的综合风险系数计算方法与此类似,整理测算结果可以得出,价值链中每个参与主体综合风险系数构成的矩阵 $R =$

（0.582644，0.722947，0.694199），最后对其作归一化处理得到：

农业龙头企业综合风险因子 $r_1 = 0.291332$；

专业合作社综合风险因子 $r_2 = 0.361474$；

线上融资平台综合风险因子 $r_3 = 0.34721$。

（4）引入风险因子修正的收益分配。

将上述计算得到各方参与主体的综合风险因子引入本章第一节中构建的收益分配模型中，由式（5-13）可得到修正后的价值链各参与主体收益分配结果。

农业龙头企业：

$$\phi'_1(V) = \phi_1(V) + \phi(V)\Delta r_1 = 197.105 + 438.725 \times \left(0.291322 - \frac{1}{3}\right)$$

$$= 178.674 \text{（万元）}$$

专业合作社：

$$\phi'_2(V) = \phi_2(V) + \phi(V)\Delta r_2 = 207.21 + 438.725 \times \left(0.361474 - \frac{1}{3}\right)$$

$$= 219.553 \text{（万元）}$$

线上融资平台：

$$\phi'_3(V) = \phi_3(V) + \phi(V)\Delta r_3 = 34.41 + 438.725 \times \left(0.34721 - \frac{1}{3}\right)$$

$$= 40.498 \text{（万元）}$$

表5-16   引入风险因子修正的均衡收益分配

收益分配（万元）	价值链参与三方总收益 $\phi(V)$	龙头企业收益 $\phi'_1(V)$	合作社收益 $\phi'_2(V)$	线上融资平台收益 $\phi'_3(V)$
	438.725	178.674	219.553	40.498
均衡收益分配比（%）		40.73	50.04	9.23

此时，农业龙头企业、专业合作社、线上融资平台三方合作均衡收益总和不变，仍然符合完全分配，而分配比则调整为：（40.73%，50.04%，9.23%），将农业龙头企业分配到的收益向承担风险较多的专业合作社和线上融资平台进

行了适当的转移，可较为全面地反映各主体风险承担和对整条价值链的贡献程度，以促进三方融资合作的顺利进行。

在现阶段的价值链收益分配方法中，农业龙头企业获得了多数的收益分配，挤占了专业合作社和线上融资平台的部分收益，其中，作为资金供给方的线上融资平台由于不愿承受更大的法律声誉风险以及信用风险等一系列原因，在很大程度上限制了对合作社提供的融资支持，故在整个价值链收益分配中所占的比例最少。在"农业价值链＋三农服务商"这一具体融资模式下，龙头企业通过掌控互联网供应链获得制度创新收益，专业合作社以其资源参加互联网供应链获得要素收益，线上融资平台通过较高的利率获得风险溢价收益。应该看到，这种分配方式在一定程度上体现了龙头企业在整个农业价值链中的重要程度，其收益分配的不均衡有其一定的合理性。自"农业价值链＋三农服务商"这一具体模式形成以来，该条价值链上的资金需求方和资金供给方一直在收益分配中处于弱势地位，而连接价值链融资需求端和供给端的农业龙头企业凭借其雄厚的实力长期占有了较多的收益分配。尽管该模式下的融资服务得以系统的持续运行，但这主要由于农民合作社这种新型农业经营主体得到了政府以及供销合作系统提供的各种补贴和支持，因此该合作社在这种融资模式中的边际收益仍大于边际成本，如果所有费用均由农民自己来负担，那么该专业合作社就会由于所得不能满足所需而存在退出该条农业价值链的可能，从而导致融资服务被迫中断。

而在 Shapley 值模型中嵌入风险因子修正后发现，龙头企业、专业合作社、线上融资平台的收益分配均获得明显改进，其中合作社的收益分配比例大幅提高，这主要是由于专业合作社在该农业价值链中，一头连接生产资料提供方的龙头企业，另一头连接资金供给方的线上融资平台，面临着自然和市场等多重风险，因此经过综合风险因子修正后，其收益分配比例大幅提高。另外，作为资金供给方的线上融资平台，在该条价值链中也承受了更多的技术风险以及法律声誉风险，故相应地其收益分配比例也略有提高，体现出作为该条价值链中资金供给方的强势地位。而龙头企业的收益分配比例则相应地向承担风险较多的专业合作社和线上融资平台进行了适当的转移。相较于原有的收益分配，这种通过模型调整得到新的收益分配方案更加符合风险收益原则，提高了农业经营主体参与农业价值链的积极性。

五、小结

本章通过对"农业价值链 + 三农服务商"这一具体融资模式的实证研究，主要说明了两个问题：其一，证实了在"互联网 + 农业价值链"融资模式下，各参与主体的收益均有所提高，且总收益的确高于按照传统模式单独经营或者两两简单合作时的收益；其二，进一步研究发现，虽然该融资模式提高了价值链各方参与主体的整体收益，但现阶段的收益分配并不完全公平合理，故实证部分又按照风险收益原则对现阶段收益分配方案做出了适当调整，提出了该融资模式下价值链最优收益分配方案。

第六章

农业价值链融资的政策支持

一、优化农业价值链融资环节

（一）积极培育核心龙头企业

农业龙头企业是组建整条农业价值链的核心，联接起了价值链融资的需求端和供给端，其确保了农业价值链的运营管理和风险防控，以及价值链融资服务的可持续性。因此，政府要采取各种措施鼓励培育和成立农业龙头企业等规模经营主体，将分散的小农经济纳入规模化、组织化、社会化的产业链之中，以农业龙头企业的发展带动中小涉农企业以及新型农业经营主体的发展。另外，逐步引导农业龙头企业和知名农业服务机构不断提升自己的发展水平，以现有的数据、资金和人力资源，朝着更加先进、高端的方向发展，避免资源的浪费。除此以外，广大新型农业经营主体要形成竞争意识，通过竞争来不断完善自我。一方面，农业龙头企业要制定现代化的企业管理制度，明晰产权，采用先进的理念和手段管理资金，并且落实好财务监督工作，加强自己与互联网金融的联系，尽早实现自身的现代化建设，更好地应对接下来的市场挑战。另一方面，农业龙头企业应当谋求自身发展的长远利益，积极响应国家政策号召，联合农民合作社以及其他价值链参与主体，建设规模化、专业化、集约化的现代化农业产业化园区，统一销售、配送农产品，统一管理，努力发挥其在价值链中的核心作用。

（二）扶持和引导农业生产环节

农业生产环节是构成整条价值链的基础，然而单个农业生产者处在农业价值链的下游和融资需求端，具有数量众多、独立经营、缺少规模效益等特点，这也导致其在整条农业价值链上的地位较低，无法占有决策主导权，承担了较大的风险。而随着市场经济的发展，农业生产的发展也要进入产业化模式，在未来发展中要最大限度地发挥农业优势，争取在第一时间发现和解决农业生产中的问题；引导农民走品牌路线，打造一批优秀的农业品牌，采用科学的手段改善农民合作社的形象，强化产品核心竞争力，抢占更多的市场份额；提高标准和无害化生产，推动产品的质量升级；利用地理位置优势，对资源进行有效的整合和联合，以增加农户在收益分配谈判过程中的"筹码"。另外，还要引入先进的农业生产管理意识和手段，尊重人才，激励人才，以保障农业生产者在参与农业价值链时获取合理的收益分配。

（三）合理分配价值链收益份额

在价值链融资收益分配上，龙头企业在规模、市场影响力、发展实力等方面都要优于价值链其他参与主体，在价值链中处于主导地位，因此在保证自身优势的基础上要按照农业生产者的特点调整价值链收益分配，根据价值链上下游中小涉农企业（农户）交售的农产品的数量和质量，在规定期限按适当比例将一部分利润返还给农户，这样农业生产者与核心电商企业就不再是简单的合同关系，而是价值链上的利益共同体，不会轻易因市场价格的波动而违反购销合同，中小涉农企业也能获得稳定优质的原料供应，从而形成紧密的价值链合作联盟。另外，为了加强与农业生产环节的关联，龙头企业可以积极发展互联网订单式农业，明确合同条款的内容，注明订购农产品的基本信息，包括双方的责任、权利，农产品的价格、数量、质量、规格、品种，订单的内容和形式必须得到规范与统一；有条件的龙头企业可以委派专员指导农户种植农产品，基层农技推广部门要积极、主动地组织农户参加种植知识和技术的培训活动，提高农户种植水平，帮助他们树立质量意识，以保证到达市场的农产品质量。

二、构建农业价值链融资配套体系

（一）加快融资担保机构建设

在新型农业经营模式建立之初，融资难是最主要的问题，而解决融资问题的最佳途径是通过第三方担保进行贷款，因此，融资担保机构在新型农业经营的建设中扮演着重要角色。政府应根据实际发展需求，加大对融资性担保机构以及再担保机构的支持力度，同时通过规范管理，建立完善的担保机构管理体系，为农民提供安全、高效、快捷的融资渠道，同时出台各种优惠政策，鼓励金融担保机构积极为家庭农场、农民合作社、种养大户等新型农业经营主体提供优质的贷款服务。通过政府担保补贴适当降低担保成本，使得融资担保结构不断优化，更好为新型农业经营主体解决贷款问题。同时促进农村金融机构与担保机构之间的合作，进一步优化金融体系机构，积极开展"银担合作"，提高银行和担保机构的合作效率，科学、合理规范银行和担保机构的合作机制，缩短放贷周期，降低贷款利率，做好风险控制。

（二）完善农业保险制度

目前，我国农业保险制度相对落后，险种覆盖范围较小，不完善的保险制度使农业保险名不副实，无法为农业产业发展提供规避风险的保障。落后的农业保险制度与业务，在一定程度上对农业融资贷款造成不利影响，并对农业产业价值链的构建产生一系列限制。为此，我国应加快农业保险体系建设，尽快完善农业保险制度，为优化农村金融体系提供保障，以促进新型农业的发展。具体的措施如下：第一，扩大农业保险范围，积极拓展农业保险发展空间，在增加农业险种的同时，不断完善农业保险体系，使农业保险结构趋于合理；第二，加大对农业保险的监管力度，相比其他险种，农业保险具有涉及金额大、风险系数高、突发性强、灾害危害大等特点，为保证农业保险资金的安全，确保农业保险机构的经营合法性，应加强对农业保险资金的监管，以严防农业保险资金被非法获取；第三，金融机构应加强与农业保险机构的业务合作，使金融机构与农业保险形成多元合作模式，通过建立风险担保合作机制，为农业产业经营提供最大限度的农业保险服务；第四，提高金融机构支持农业保险的力度，为农业保险风险提供足够的储备金，使农民利益得到充分保障；第五，建立风险分散机制，以分散巨大灾难带来的巨大损失，有效降低或分散新型农业经营可能发生的巨大风险。

（三）合理利用信息技术防控风险

农业价值链融资所面临的风险与其各个环节的衔接程度和运作状况相关，因为这是一个抽象的系统，我们很难准确判断究竟哪一个环节会出现问题、遇到风险。为了保障农业价值链中各成员的利益，协调不同业务之间的关系，构建一个健全的价值链融资风险防范信息化支撑体系是很有必要的。除此以外，金融监督与管理部门要严把金融机构进入门槛，按照行业准入制度监督农业价值链融资业务的开展，这样才能有效控制农业价值链融资机构运行中面临的风险。政府部门扮演的角色也很重要，需要严格预防和控制农业价值链融资业务的金融风险，定期与金融机构交流、沟通，按照流程严格登记农村产权，尤其是土地，直接整合农户产权系统和客户征信系统。农村金融机构所要做的，就是通过与保险机构合作的方式控制农业价值链融资风险，同时还要利用现有的信息系统来体现农业价值链融资业务的特色，并坚持将农业价值链上下游企业运营数据录入信息系统中，充分发挥这些信息技术在风险控制中的作用。

三、完善政府财政扶持政策

（一）制定多重税收优惠政策

长期以来，税收政策将支持农业发展作为重要着力点，而农业价值链参与主体可以享受国家从农地供应到农产品流通等环节实施的一系列税收优惠政策。

（1）土地供应环节。对于农、林、牧、渔等的生产用地，实行免征土地使用税政策。

（2）农业直接生产环节。一是降低粮食、食用植物油和农产品等产品的增值税税率；二是农业生产单位和个人销售的自产农产品，免征增值税；三是企业从事部分农产品的种植、选育新品种、培育和种植林木与中药材、饲养牲畜与家禽、林产品的采集以及远洋捕捞等项目的所得，免征企业所得税；四是企业从事花卉、茶以及海水养殖、内陆养殖等，可实行减免所得税的优惠政策。

（3）农业生产投入环节。一是降低饲料、化肥、农药、农机、农膜等产品的增值税税率；二是对农膜、批发和零售的种子、种苗、农机、有机肥、部分复混肥以及滴灌带和滴灌管产品，免征增值税；三是对大宗饲料、配合或混合饲料、复合预混料以及浓缩饲料等产品，可实行免征增值税的优惠政策；四是对农业机械的专用轮胎不征收消费税；五是捕捞、养殖渔船免征车船税。

（4）农业服务环节。排灌、机耕、植物保护、病虫害防治以及农牧保险等相关技术的培训业务，还有家禽、牲畜以及水生动物等的疾病防治与配种，可实行免征增值税。对于从事相关农业服务以及从事农、牧、鱼等经营所得的，免征企业所得税。

（5）农业初加工环节。对于农产品初加工，可免征企业所得税，包括粮食、林木产品、园艺植物、油料植物、糖料植物、茶叶、药用植物、纤维植物、热带及南亚热带作物、畜禽类、饲料类、牧草类、水生动物和水生植物等3个大类、14个中类、30个小类的初加工项目。

（6）农产品流通环节。一是农产品购进。除了进口增值税专用款之外，其他的农产品收购发票可注明用途及农产品买价，以便在增值税销项税中进行抵扣。二是蔬菜、鲜活肉、单产品等的批发零售，可免征增值税。三是对自产边销茶以及企业销售的边销茶等，可免征增值税。四是农产品批发市场以及用于农产品贸易的土地与房产，可实行暂时免征房产税、土地使用税等。

目前所实行的支农、惠农税收优惠政策，基本涉及农业生产与销售的各个环节，并基本顾及农业生产与相关服务的方方面面。在突出产业化发展重点的同时可以充分考虑个体经营的需求。不仅从政策上促进农产品的深加工，而且推进农产品的流通与销售，促使政策形成合力发挥出最大作用。在未来发展中应对税收政策作进一步的优化调整，一是要通过落实税收政策，鼓励与促进农产品加工业的发展；二是要加强农产品初加工的税收优惠落实措施，推进农产品向深、精加工发展；三是鼓励与支持农业龙头企业之间通过合作、兼并、收购、重组、控股等方式组建大型企业集团，提高区域农业产业化的层次与核心竞争力；四是通过税收优惠政策，鼓励企业自主创新，鼓励企业开展新工艺、新技术、新品种的研发，提高区域农业产业价值链的竞争力。

（二）加强财政对农业合作项目的扶持

在新型农业发展中，农业合作组织是近几年来新兴的发展内容。农业合作组织通过扶持合作项目，加强财政支持力度，加快了新型农业经营主体的培育速度。具体包括以下几方面：

（1）对财政支农重点进行确定。目前国家财政对农业的扶持相对来说比重较低，难以满足农业生产经营的需要，因此，合理安排与配置财政支农资金，对于农业产业经营的初步发展十分重要，通过设立专项的农业发展基金，对农民合作项目进行重点扶持，将有限资金用在关键之处，有助于提高财政资金在支农中的利用率。

（2）促进合作社与财政支农项目之间的对接。一是将合作组织作为扶持重点，实行农业补贴倾斜政策；二是帮助合作社创新经营模式，形成农业产业特色；三是以合作社为依托，发展农业服务组织，建立社会化服务体系；四是通过多种合作方式，鼓励与支持农民开拓农产品市场，积极参与市场流通。

（3）规范专项资金管理。建立完善的专项资金保护机制，严格管理国家扶持农业发展的财政资金，加强责任监督，规范运作程序，使财政资金发挥有效作用。

（三）设立支农资金专项监管机制

财政支农资金是政府为了促进农业发展设立的专项资金，在该项资金使用过程中需要加强相关方面的监管作用，以便真正发挥支农资金的作用。构建高效、健全的新型农业经营体系是刺激新型农业经营市场不断活跃的前提和基础，其中活跃市场的支农资金发挥着关键性作用。因此，需要结合农业经营市场情况，针对财政支农资金建立高效的监管机制。

（1）从结构上优化资金分配比例。针对财政资金建立科学的分配制度，合理优化分配结构，尽可能保证预算的精准性，不断明确资金的使用方法和范围，以便确保资金的流向正确。同时采用透明的方式公开资金的使用情况，针对支农资金的使用情况构建绩效考核体系，以便规范和约束资金的使用行为，从而保证支农资金在合理的结构分配下使用，最大程度发挥支农资金的使用价值。

（2）不断构建完善的监督管理机制。通过构建资金监管机制，不断约束资金的使用行为，督促使用者按照要求对资金的使用情况进行登记，保证备案资金使用情况的准确性，通过对资金使用情况的监督，有效杜绝资金的私自使用或违规使用情况的发生，以保证支农资金管理效能的有效发挥。另外，还需要对资金发放形式进行监督，确保资金按照需要和规定发放到相关领域，以便增强资金的有效性和安全性。

（3）提高支农资金的周转率。支农资金在使用和管理过程中需要不断提高其使用效率，即周转率，尽可能根据农业发展需求和特点，制定相对合理的资金使用计划，确保支农资金最快、最准确地应用到农业生产过程中。而且在使用过程中需要对资金进行合理的调控，以便支农资金在最合适的生产环节和生产时段内被使用，从而最大程度发挥支农资金缓解农户生产资金压力的时效性。

四、健全农业生产者教育培训制度

随着我国农业供给侧结构性改革的不断推进，高素质、综合性、专业性的新兴职业农民日益成为我国农业发展需求的对象，但就目前而言，我国新兴职业农民的缺口较大，从而导致农业价值链融资活动难以顺利开展。面对这种情况，我国需要加强相关方面的人才培养。

（一）健全新型农民培训制度

培养新型职业农民首先需要建立科学、合理的培训制度，通过科学、高效的培训制度强化农民对培训的重视度，不断激发农民参与培训的热情和积极性，从而达到培训的预期效果。因此，自上而下建立系统高效的新兴职业农民培训制度显得尤为重要，它可以为我国培养新型职业农民提供良好的学习平台。

（二）制定科学的培养计划

由于我国农民整体文化水平不高，理解能力和学习能力较低，所以在开展职业农民培训活动过程中需要制定一系列科学的培养计划。如组建农民培养小组、搭建农民学习平台、注入大量优质的培训人才等，以保证培养计划的正常开展。另外，需要根据农业生产的时间和农事安排制定培养计划，杜绝培训活动的开展耽误农事活动。同时还需要适当安排一些实践活动，使农民将所学知识运用到实际生产之中，从而发挥培训的真正价值和作用。

（三）加强对农民教育资金的管理

目前，我国财政部每年都会划拨一部分农民教育资金，由地方政府进行管理和投入使用，使用范围包括针对农民教育开展的所有培训活动，通过资金倾斜支持农民培训活动的正常开展，以提高农民教育资金的使用效率，尽可能培养大批优秀的新型职业农民。

参 考 文 献

［1］安佳，王丽巍，田苏俊. 互联网金融与传统金融农村信贷风控模式比较研究［J］. 新金融，2016，(9)：54－58.

［2］曹立群. 农村金融政策扶持体系的构建和完善［J］. 乡村科技，2011，(9)：11.

［3］褚保金，张龙耀，杨军. 中国农村微型金融批发基金机制设计和监管创新［J］. 经济体制改革，2012，(1)：140－143.

［4］范天森. 农业产业化经营的融资瓶颈与金融支持［J］. 农业经济，2008，(8)：93－94.

［5］房德东，杨秀艳. 以合作金融制度为基础的农村投融资体制研究［J］. 农村经济，2004，(2)：61－63.

［6］高帆. 我国农村中的需求型金融抑制及其解除［J］. 中国农村经济，2002，(12)：68－72.

［7］高更君，黄芳. 基于云重心 Shapley 值的供应链融资联盟收益分配研究［J］. 工业技术经济，2017 (2)：104－109.

［8］葛阳琴，潘锦云. 农村金融发展困境、制约因素及其对策［J］. 安庆师范学院学报 (社会科学版)，2013，32 (1)：26－30.

［9］何广文，潘婷. 国外农业价值链及其融资模式的启示［J］. 农村金融研究，2014，(5)：19－23.

［10］何广文，王力恒. 打造"互联网 + 农业产业链"融资模式［J］. 中国农村金融，2016，(11)：27－28.

［11］何广文. 农村金融机构的多元化路径［J］. 银行家，2007，(1)：98－101.

［12］何广文．农村金融机构多元化的路径选择［J］.中国改革，2007，
（3）：34.

［13］何广文．完善农村金融市场需要全方位推进［J］.中国国情国力，
2007，（5）：15－18.

［14］何广文．中国农村金融组织体系创新路径探讨［J］.金融与经济，
2007，（8）：11－16＋22.

［15］洪银兴，郑江淮．反哺农业的产业组织与市场组织——基于农产
品价值链的分析［J］.管理世界，2009，（5）：67－79、187－188.

［16］胡国晖，郑萌．农业供应链金融的运作模式及收益分配探讨［J］.
农村经济，2013，（5）：45－49.

［17］加尔文·米勒，琳达·琼斯．农业价值链融资：工具与经验［M］.
中国农业出版社，2017.5.

［18］贾立，汤敏．农村互联网金融：模式与发展形态［J］.西南金融，
2016，（9）：7－11.

［19］寇光涛，卢凤君．“互联网＋农业产业链”的实践总结与创新路
径［J］.农村经济，2016，（8）：30－32.

［20］李彩凤，梁静溪．互联网金融风险的实证评价及优化对策［J］.
金融理论与实践，2016，（5）：69－74.

［21］李国英．产业互联网模式下现代农业产业发展路径［J］.现代经
济探讨，2015（7）.

［22］李建英．推进农业产业化经营的融资机制研究［M］.中国社会科
学出版社，2015.6.

［23］李军，朱先奇．供应链企业协同创新利益分配策略——基于夏普
利值法改进模型［J］.技术经济，2016（9）：122－126.

［24］刘圻，应畅，王春芳．供应链融资模式在农业企业中的应用研究
［J］.农业经济问题，2011，32（4）：92－98＋112.

［25］刘西川，程恩江．中国农业产业链融资模式——典型案例与理论
含义［J］.财贸经济，2013，（8）：47－57.

［26］龙云飞．农村金融体系建设研究［J］.人民论坛，2013，（8）：

168 - 169.

[27] 罗元辉. 供应链金融与农业产业链融资创新 [J]. 中国农村金融, 2011, (9): 74 - 75.

[28] 马九杰, 吴本健. 互联网金融创新对农村金融普惠的作用: 经验、前景与挑战 [J]. 农村金融研究, 2014, (8): 5 - 11.

[29] 马九杰, 张永升, 佘春来. 基于订单农业发展的农业价值链金融创新策略与案例分析 [J]. 农村金融研究, 2011 (7).

[30] 马九杰, 周向阳, 蒋逸, 张永升. 土地流转、财产权信托与农业供应链金融创新——龙江银行"五里明模式"剖析 [J]. 银行家, 2011, (11): 107 - 109.

[31] 马九杰. 订单农业与价值链金融——贸易和信贷互联的交易制度及其影响 [M]. 中国农业出版社, 2013.6.

[32] 董翀, 钟真, 孔祥智. 农户参与价值链融资的效果研究——来自三省千余农户的证据 [J]. 经济问题, 2015 (3).

[33] 潘理权, 姚先霞, 包青. 我国农村金融"双失灵"及其矫正路径 [J]. 经济问题, 2008, (4): 99 - 101 + 108.

[34] 潘理权. 我国农村金融"二元失灵"及其矫正路径 [J]. 金融教学与研究, 2008, (2): 5 - 8.

[35] 钱水土, 姚耀军. 金融功能观视角下中国农村金融体系的设计与创新 [J]. 浙江工商大学学报, 2011 (5).

[36] 乔海曙. 农村经济发展中的金融约束及解除 [J]. 农业经济问题, 2001, (3): 19 - 23.

[37] 邱晖, 杜忠连. 供应链金融预付账款融资模式下商业银行信用风险控制研究 [J]. 商业经济, 2017 (3): 167 - 178.

[38] 任常青. 价值链融资及其对农村信用社扩展金融服务的启示 [J]. 中国农村信用合作, 2009, (7): 27 - 29.

[39] 宋雅楠. 农业价值链融资特征及国外经验启示 [J]. 中国物价, 2012, (11): 53 - 56.

[40] 田学思, 高连水. 关于我国农村金融改革发展的思考 [J]. 甘肃

社会科学，2013，（5）：164-167.

[41] 田学思，郭兴平，王丽萍. 关于构建农村金融新体系的思考 [J]. 宏观经济管理，2013，（9）：48-49.

[42] 涂传清. 基于农户增收的生鲜农产品流通价值链分工与组织优化研究 [D]. 华南理工大学，2014.

[43] 王刚贞. 基于农户视角的价值链融资模式研究——以上海某生猪养殖公司为例 [J]. 财贸研究，2015，2：27-34.

[44] 王力恒，何广文，何婧. 农业供应链外部融资的发展条件——基于信息经济学的数理分析 [J]. 中南大学学报（社会科学版），2016，（4）：79-85.

[45] 王曙光，孔新雅. 引入民间资本，改善农村金融供给 [J]. 金融博览，2013，（12）：13-14.

[46] 王志宇，周其伟. 农户融资需求与农村金融服务体系建设 [J]. 中国国情国力，2008，（3）：12-15.

[47] 王自力. 试论农村金融改革的新思路 [N]. 金融时报，2002-02-11（007）.

[48] 吴冲，吕静洁，潘启树. 基于模糊神经网络的商业银行信用风险评估模型研究 [J]. 系统工程理论与实践，2004（11）：2-6.

[49] 夏斌. 创新中小企业融资政策 [N]. 中国经济导报，2005-03-01（C01）.

[50] 肖海越. 农业价值链融资模式及发展策略研究 [J]. 农业经济，2017（2）：16-17.

[51] 谢平. 中国农村信用合作社体制改革的争论 [J]. 金融研究，2001，（1）：1-13.

[52] 姚耀军. 农村金融理论的演变及其在我国的实践 [J]. 金融教学与研究，2005，（5）：2-4.

[53] 姚耀军. 中国农村金融研究的进展 [J]. 浙江社会科学，2005，（4）：177-183.

[54] 姚耀军. 转轨经济中的农村金融：管制与放松管制 [J]. 财经科

学，2005，(6)：21－26.

[55] 叶兴庆. 改革农民负担体制要从两方面入手 [J]. 农村财政与财务，1998，(3)：22－23.

[56] 叶兴庆. 农业生产结构：变化过程与政策启示 [J]. 中国农村经济，1998，(6)：11－18.

[57] 叶兴庆. 确保农业的持续增长是关键 [J]. 中国农村经济，1998，(5)：13－14.

[58] 张春霞. 互联网金融服务"三农"模式浅析 [J]. 农村金融研究，2015，11：9－13.

[59] 张惠茹. 价值链金融：农村金融发展新思路 [J]. 北京工业大学学报（社会科学版），2013，13 (6)：45－50.

[60] 张慧祯，黎元生. 闽台农业价值链分工中利益协调机制研究 [J]. 中国证券期货，2009，(12)：44－45.

[61] 张庆亮. 农业价值链融资：解决农业融资难的新探索 [J]. 财贸研究，2014，25 (5)：39－45.

[62] 张庆亮. 农业价值链融资：解决小微农业企业融资难的有效途径——从交易成本的视角 [J]. 云南社会科学，2014，(5)：76－80.

[63] 张永升，杨伟坤，马九杰，朱乾宇. 基于合作社的农业价值链融资研究——以重庆市北碚区金刀峡农业合作社为例 [J]. 世界农业，2011，(10)：34－38.

[64] 张正平，何广文. 农户信贷约束研究进展述评 [J]. 河南社会科学，2009 (3).

[65] 赵燕. 普惠金融视角下互联网金融模式在农村实施的现状、案例和发展对策 [J]. 区域金融研究，2016，(7)：59－62.

[66] Analyzing in Value Chain Analysis 3rd Financing Value Chains：Cutting Edge Developments. Richard L Meyer. African Microfinance Conference, 2007.

[67] Borrowing constraints, human capital accumulation, and growth [J]. Jose De Gregorio. Journal of Monetary Economics, 1996 (1).

[68] Carter, M. R. Equilibrium Credit Rationing of Small Farm Agriculture

[J]. Journal of Development Studies, 1988 (28).

[69] Certification of non-timber forest products: Limitations and implications of a market-based conservation tool. Alan Pierce. 2003.

[70] Financing Agriculture Value Chain in Central America. Coon J, Campion A, Wenner M. 2010

[71] Hoff K and Stiglitz J. The Economics of Rural Organization: Theory, Practice and Policy [M]. Oxford University Press. 1993.

[72] Incoporating Finance into Value Chain Analysis——Case Study: Ataulfo Mango Value Chain in Chiapas, Mexico. Bourns N, Fertzicer I. 2008.

[73] Is value chain financing a solution to the problems and challenges of access to finance of small-scale farmers in Rwanda? [J]. Murty S. Kopparthi, Nkubito Kagabo. Managerial Finance. 2012 (10).

[74] Subrata Ghatak and Ken Ingersent Agriculture and Economic Development [M]. Wheatsheaf Books Ltd, Brighton, Sussex, Great Britain, 1984.

[75] The Missing Link in the Value Chain: Financing for Rural Farmers and Micro-entrepreneurs. Lillian Diaz Villeda, Jennifer E Hansel. Strategic Alliances for Financial Services and Market Linkages in Rural Areas. 2005.

[76] The value chain framework, rural finance, and lessons for TA providers and donors. Fries. B. 2007

[77] Townsend, R. Consumption Insurance: An Evaluation of Risk-bearing Systems in Low Income Economics [J]. Journal of Economic Perspectives, 1995 (3).

[78] Townsend, R. Risk and Insurance in Village India [J]. Econometrica. 1994 (3).

[79] Value Chain Analysis: Mapping Maize, sunflower and cotton chains. Richard John Pelrine, Asaph Besigye. 2005.

[80] Sources of Funding and Support System for Value Chain Finance: Lessons from Asia. Anup Singh. Workshop on Enhancing Exports Competitiveness Though Value Chain Finance. 2012.

附 录

农业价值链融资收益分配风险因素评价调查问卷

尊敬的先生/女士：

您好！

基于目前正在开展有关"互联网 + 农业价值链融资体系及收益分配"的研究需要，请您填写您的意见，这将是本调查研究数据来源的重要依据，非常感谢您能参与问卷调查！

请您根据实际现状以及自身经验，将下表中的指标进行对比打分。

表 1　　　　　　　　　　判断矩阵标度及含义

标度 a_{ij}	含义
1	i 因素与 j 因素相比，两者同等重要
3	i 因素与 j 因素相比，前者比后者稍重要
5	i 因素与 j 因素相比，前者比后者明显重要
7	i 因素与 j 因素相比，前者比后者强烈重要
9	i 因素与 j 因素相比，前者比后者绝对重要
2，4，6，8	上述相邻判断的中间值

1. 一级指标（目标层）

在"农业价值链 + 三农服务商融资参与主体综合风险"为目标层下，对准则层包括的 5 个一级指标重要性进行对比：

表 2　　　　　以线上融资平台综合风险为目标层的判断矩阵

	环境风险 F1	价值链系统风险 F2	信用风险 F3	技术风险 F4	法律及声誉风险 F5
环境风险 F1	1				

	环境风险 F1	价值链系统 风险 F2	信用风险 F3	技术风险 F4	法律及声誉 风险 F5
价值链系统风险 F2		1			
信用风险 F3			1		
技术风险 F4				1	
法律及声誉风险 F5					1

2. 二级指标（准则层）

（1）在"农业价值链＋三农服务商融资参与主体环境风险"为准则层下，对指标层包括的 4 个二级指标重要性进行对比：

表 3　　　　　　　　　　以环境风险为准则层的判断矩阵

	自然环境 风险 F11	宏观政策 风险 F12	区域经济 风险 F13	行业市场 风险 F14
自然环境风险 F11	1			
宏观政策风险 F12		1		
区域经济风险 F13			1	
行业市场风险 F14				1

（2）在"农业价值链＋三农服务商融资参与主体系统风险"为准则层下，对指标层包括的 3 个二级指标重要性进行对比：

表 4　　　　　　　　　　以价值链系统风险为准则层的判断矩阵

	价值链竞争 风险 F21	价值链协调 风险 F22	价值链管控 风险 F23
价值链竞争风险 F21	1		
价值链协调风险 F22		1	
价值链管控风险 F23			1

（3）在"农业价值链 + 三农服务商融资参与主体信用风险"为准则层下，对指标层包括的 4 个二级指标重要性进行对比：

表 5   以信用风险为准则层的判断矩阵

	道德风险 F31	财务风险 F32	经营风险 F33	产品质量风险 F34
道德风险 F31	1			
财务风险 F32		1		
经营风险 F33			1	
产品质量风险 F34				1

（4）在"农业价值链 + 三农服务商融资参与主体技术风险"为准则层下，对指标层包括的 3 个二级指标重要性进行对比：

表 6   以技术风险为准则层的判断矩阵

	固有技术风险 F41	技术创新风险 F42	创新模式派生风险 F43
固有技术风险 F41	1		
技术创新风险 F42		1	
创新模式派生风险 F43			1

（5）在"农业价值链 + 三农服务商融资参与主体法律及声誉风险"为准则层下，对指标层包括的 4 个二级指标重要性进行对比：

表 7   以法律及声誉风险为准则层的判断矩阵

	交易合同风险 F51	法律法规缺位风险 F52	主体资格风险 F53	声誉风险 F54
交易合同风险 F51	1			
法律法规缺位风险 F52		1		

	交易合同 风险 F51	法律法规缺位 风险 F52	主体资格 风险 F53	声誉风险 F54
主体资格风险 F53			1	
声誉风险 F54				1

（6）以"农业价值链＋三农服务商"融资模式为例，对其中每个参与主体（农民合作社、农业龙头企业、线上融资平台）所面临的各个风险指标的评价等级（隶属度）进行打分：

表 8　　　　　　　　　　**风险评价指标的模糊等级评价**

一级指标 （准则层）	二级指标 （指标层）	隶属度				
		很高	较高	一般	较低	很低
环境风险 F1	自然环境风险 F11					
	宏观政策风险 F12					
	区域经济风险 F13					
	行业市场风险 F14					
价值链系统风险 F2	价值链竞争风险 F21					
	价值链协调风险 F22					
	价值链管控风险 F23					
信用风险 F3	道德风险 F31					
	财务风险 F32					
	经营风险 F33					
	产品质量风险 F34					
技术风险 F4	固有技术风险 F41					
	技术创新风险 F42					
	创新模式派生风险 F43					

续表

一级指标 （准则层）	二级指标 （指标层）	隶属度				
		很高	较高	一般	较低	很低
法律及声誉风险 F5	交易合同风险 F51					
	法律法规缺位风险 F52					
	主体资格风险 F53					
	声誉风险 F54					

由于参考资料有限，您的建议和意见将是本研究重要的数据来源，恳请各位学者提供建议和意见。

应补充或删掉的影响因素及原因。

提出的影响因素是否有效？

其他的建议与意见。

希望您能提供以下个人信息以保证研究的科学性，以下信息将严格保密：

（1）学历：本科□　硕士□　博士□

（2）工作年限：1～3 年□　4～6 年□　7～9 年□　10 年以上□